危机领导力

王建和 / 著

阿里巴巴中基层管理者基本管理动作培训教程

只要把每天的管理动作做好，就能取得结果、达成目标

向阿里巴巴学习一套切实可行的管理动作

| 培养管理者应对危机的能力 |

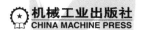

机械工业出版社

CHINA MACHINE PRESS

本书视角新颖，目前市场上，关于企业危机应对能力培养方面的图书多以理论讲解为主，几乎没有一本是以管理者每天都在用的管理动作、管理方法入手来写的，而这些才是一个管理者每天都要面对、都要用的内容、工具和方法。特别是对中基层的管理者来说，只需要把每天的管理动作做好，就能取得结果、达成目标，即使企业处于危机之时，也能从容不迫、及时反应，帮助企业顺利度过危机。

希望阅读本书的读者，能从中学到一些切实可行的管理动作，将培养危机应对能力的工作落到实处，做到"养兵千日，用兵一时"。

图书在版编目（CIP）数据

危机领导力／王建和著. —北京：机械工业
出版社，2020.9
ISBN 978 - 7 - 111 - 66963 - 0

Ⅰ.①危…　Ⅱ.①王…　Ⅲ.①企业领导学
Ⅳ.①F272.91

中国版本图书馆 CIP 数据核字（2020）第 234310 号

机械工业出版社（北京市百万庄大街 22 号　邮政编码 100037）
策划编辑：胡嘉兴　　　责任编辑：胡嘉兴　蔡欣欣
责任校对：李　伟　　　责任印制：孙　炜
北京联兴盛业印刷股份有限公司印刷

2021 年 1 月第 1 版第 1 次印刷
145mm×210mm · 6.375 印张 · 3 插页 · 146 千字
标准书号：ISBN 978 - 7 - 111 - 66963 - 0
定价：59.90 元

电话服务　　　　　　　　　　网络服务
客服电话：010 - 88361066　　机 工 官 网：www.cmpbook.com
　　　　　010 - 88379833　　机 工 官 博：weibo.com/cmp1952
　　　　　010 - 68326294　　金　书　网：www.golden-book.com
封底无防伪标均为盗版　　机工教育服务网：www.cmpedu.com

自 序
Preface

2020 年，我们度过了一个特别的春节，大大小小的企业在新冠肺炎疫情（以下简称疫情）带来的危机下夹缝求生。

我在微博上看见一个企业的创始人发帖抱怨，疫情给企业带来巨大损失。作为一家公司的创始人，我深知他的担忧和无奈。皮之不存，毛将焉附？企业与员工唇齿相依，唇亡齿寒，企业如果无法成功度过危机，员工们又将何去何从呢？

资本面前无疫情。企业因疫情无法正常生产，但国外订单的交付时间并不会因为疫情而延期；

企业办公地点的租金也不会因为疫情而减少；车贷、房贷依旧需要偿还；

即便没有开工，可员工的社保依旧要交，工资依旧要发；

中小企业的老板们，正一个个地陷入焦虑，日夜难眠。

对于实力雄厚的企业而言，疫情是终会越过的障碍；对于许多实力一般的中小企业而言，疫情是"资本寒冬"，是无法越过的"灭顶之灾"。

餐饮、花果种植等行业在这次疫情中元气大伤。客户退订年夜饭、饭店因疫情无法开业，让各个餐馆损失惨重。有一位餐厅老板粗略算了一下账："准备物料花费了 10 多万元，要是停业两个月，再加上房租和所有员工工资共计 90 多万元，都不敢往下想。"还有一位花农表示："鲜花卖不出去，只能看着它们枯萎，损失惨重，让人心痛。"

我认识的一位企业家粗略地计算了一下：200 万元的员工工资，

50万元的房租，100多万元的短期储藏货物，税收、水电费用，林林总总加起来一个月的损失竟然高达500万元。许多企业主考虑的已经不是赚不赚钱的问题，而是亏多亏少的问题，是能不能坚持经营下去的问题。

这让我想起2003年阿里巴巴（以下简称阿里）的非典战"疫"，当时的阿里与如今面临危机的企业何其相似。2003年5月，阿里的一位员工染上非典，这一事件迅速在杭州发酵，阿里也被定为重点防疫对象，被全员隔离。这无疑给阿里的发展带来了沉重的打击。

在此背景下，马云等高层领导迅速反应，启动紧急预案，在事发后3小时内让500多名员工都有了工作方向，即在家进行线上办公。在阿里全员被隔离的12天里，马云、关明生等人一直在安抚、鼓励员工，为员工提供线上的帮助。这让阿里人如同家人一般团结在一起，并且涌现出许多感人的故事。一句"你好，阿里巴巴"成为当时阿里人的标志。

隔离并未让阿里遭受太大的损失，反而使业绩提升了5倍。马云事后回想时说："隔离的那几天，我从来没有布置过一项工作，每天照样有100万元收入，每天我们的网站照常运行，每天都有客户打电话进来，什么异常也没有感觉到，这是我们团队展现出来的最大价值。"

阿里的非典战"疫"案例为企业如何应对危机提供了较高的参考价值，为在夹缝中挣扎求生的企业提供了一个新方向：远程办公。

面对疫情的挑战，企业需要上下一心，每一个人都应该参与到这场战"疫"中，"一个都不能少"是关键。根据我在阿里带团队以及后来创业的经验，为了应对疫情，我采用的是远程办公模式。

在开工之前，我召开了视频会议，我用 40 分钟的时间讲明了企业面临的形势，以及应该如何应对疫情的问题。

首先，直接开一副"定心丸"，我告诉大家，我们能够挺过这场疫情，挺过疫情后我们面对的是美好的明天，并让大家信任我；其次，对所有的员工、合伙人提出具体的要求，与公司共进退；最后，就如何提升工作效率提出了自己的建议，让远程办公工作能够顺利开展，如每天早晨所有员工在钉钉 App 上准时打卡签到，写日报并按时提交，准时开早会、周会等。

那么阿里仅仅是靠线上办公便度过了危机吗？当然不会如此简单，线上办公只是表层原因，更深层的原因还要落在管理者平时的管理动作上。

本书便是为了找出阿里非典战"疫"成功的深层原因，为其他企业提供度过危机的方法。本书共分为五大模块，解答了企业面对危机应该如何做以及企业应该如何培养度过危机的能力这两个问题。

我在第 1 章解答了第 1 个问题，以阿里的非典战"疫"为例，详细描述企业在危机中应该做的管理动作。在第 2 章到第 5 章中，我主要解答了第 2 个问题，从团队状态、团队环境、团建以及组织文化这四个层面出发，帮助其他企业在日常的管理中培养团队应对危机的能力。

目前市场上的书，在企业危机应对能力培养上多是以理论讲解为主，几乎没有一本是以管理者每天都在用的管理动作、管理方法入手来写，而这些内容才是一个管理者每天都要面对、都要用到的工具和方法。特别是对中基层的管理者来说，每天需要的不是学习太多的管理理论，需要的是把每天的管理动作做好，这样才能取得结果、达成目标，从而让企业在面对危机之时，从容不迫并及时反应，顺利度过危机。

我希望阅读本书的读者，能从中学到一些切实可行的管理动作，将培养危机应对能力的工作落到实处，做到"养兵千日，用兵一时"。

最后，我将这段话送给大家：

"一切都在复苏，一切都在好转，一切都在向阳求生。没有一个冬天不可逾越，没有一个春天不会降临。"

虽然，昨日无法再重启，未来却仍在向我们招手，希望大家重拾信心，积极思考，盘点自己企业的优势和资源。在危机之下活下去、活得好，并借此成功转型，抓住未来的趋势，待疫情结束，大展宏图。

目　录

Contents

PART 2

PART 5

PART 1

第1章

应对危机：一颗心、一张图、一场仗

有人说："非典差点毁了阿里。"也有人说："非典成就了阿里。"不论怎样，阿里的确通过非典战"疫"得到了成长。那么，阿里是如何在非典战"疫"期间转"危"为"机"的呢？如今，面临危机的企业又可以从阿里的非典战"疫"中学到什么呢？

1.1 非典时期，阿里是如何转"危"为"机"的

在 2003 年非典时期，马云与 500 多名员工被隔离在家 12 天。这对当时的阿里而言是沉重的打击。2003 年的阿里正处于高速发展阶段，有许多工作需要完成，然而就在这艰难时期，阿里被全员隔离，阿里非典战"疫"正式打响。

让人意想不到的是，阿里在被隔离的 12 天里表现出了强大的凝聚力，使阿里的业绩有增无减，而且还抓住了互联网发展的重要契机，让"淘宝"在当年 5 月 10 日提前上线，进而成就了今天阿里巴巴的整个生态版图。

那么，阿里巴巴是如何转"危"为"机"的呢？

透过现象看本质。阿里内部有句话这样说："今天的自己是由三年前决定的，三年后的自己是由今天决定的。"阿里之所以能在 2003 年转"危"为"机"，是由 2001 年的那场危机决定的。

2001 年，互联网处于泡沫期，当时的阿里遇到了极大的危机，为了解决这场危机，马云找到关明生并邀请他加入阿里。

1.1.1 组织升级做的三件事

关明生加入阿里后，做了以下三件事，为阿里在以后能够战胜非典、打败 eBay、成功举办"双 11"等打下了坚实的基础。

一、文化升级

在文化方面，关明生确定了阿里巴巴早期的价值观，也就是图 1-1 中的"独孤九剑"。关明生认为，应对危机最重要的是基本功，即平时的文化建设。当企业中的每个人都具备了共同的使命、愿景、价值观时，才会在危机中团结一致、共同进退。

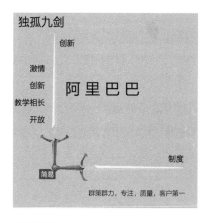

图 1-1 阿里巴巴"独孤九剑"内容
整理自关明生《关乎天下》

关明生提出的"独孤九剑"主要包括客户第一、质量、专注、群策群力、简易、开放、教学相长、创新、激情这 9 项内容。

马云曾这样评论"独孤九剑"："没有这 9 项，我们活不下来。有的公司企业文化是尔虞我诈搞办公室政治。我告诉新来的同事，谁违背这 9 项，立即按规定处理。只有在这种环境下，我们才能拥有良好的工作气氛。"

通过文化制度的升级，阿里发现了文化对企业的重要作用，开始根据自身的发展情况，及时更新升级文化，在 2004 年推出了"独孤九剑"的 2.0 版本"六脉神剑"，即客户第一、团队合作、拥抱变化、诚信、激情、敬业。直至 2008 年，阿里又推出了"独孤九剑"的 3.0 版本"九阳真经"，即客户第一、团队合作、拥抱变化、诚信、激情、敬业、胸怀、眼光、超越伯乐。在 2019 年，阿里再次升级"新六脉神剑"。

关明生通过文化升级，帮助阿里稳定"军心"，成功转"危"为"机"。此后，阿里通过一系列的文化升级，打赢了多场战役。

二、机制体系升级

在机制体系方面，关明生把通用公司的"271 活力曲线"带到了阿里，把员工分为"明星""野狗""狗""小白兔""老黄牛"五大类。通过这一套绩效考核体系（见图 1 - 2），阿里奖勤罚懒、奖优汰劣，这是阿里激活组织最有力的举措。

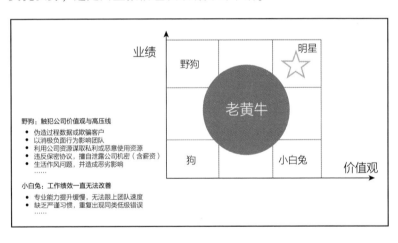

图 1-2　阿里绩效考核体系

1. "明星"式员工

对于业绩突出，价值观与企业文化相匹配的员工，我们称之为"明星员工"。他们是团队中的标杆和榜样，还可以将周围员工的业绩效率提升 10%，产生溢出效应。对于"明星员工"，关明生认为要在物质上给予慷慨奖励，在精神上给予荣誉。物质奖励留得住人，精神荣誉留得住心。做好这两点，"明星"员工基本都能留住。

2."老黄牛"式员工

没有太突出的业绩，但也不会做出违背企业价值观的事，他们是处于中间地带的员工，我们称之为"老黄牛"。这些员工是团队中的大多数，关明生认为需要引导他们往更好的方向发展。

"老黄牛"式员工就像机器上的小齿轮，他们虽然平时默默无闻，但发挥着不可小觑的作用。而且他们非常容易得到满足。管理者只要给他们的发展提供一个可持续的、清晰的、长远的规划，使他们看见未来的希望，甚至不用发挥奖励机制的作用，就可以让他们任劳任怨地工作，对企业无怨无悔地付出。

3."小白兔"式员工

"小白兔"式员工是指与企业价值观匹配，但业绩不好的员工。这类员工看似"无辜"，时间久了却像一颗颗长在企业身体里的"慢性毒瘤"，对团队发展十分不利。

对于这类员工，关明生认为，管理者在认可他们的价值观和成就的同时，狠抓业绩。简单、粗暴地开除这些"小白兔"式员工是治标不治本的行为。"小白兔"式员工如野草一般"野火烧不尽，春风吹又生"，开除了一名"小白兔"式员工，仍然会有接二连三的"小白兔"式员工出现。

关明生认为最好的处理方式就是：通过"制度 + 文化"，从内部激活"小白兔"式员工，让他们自发产生实现公司目标的驱动力。比如，管理者可以对"小白兔"式员工进行调岗，有句话说得好，"小白兔往往是放错了位置的明星"。但如果调岗后，他们的工作还是没有取得任何突破，那么管理者就要果断地开掉这些人。

4. "野狗"式员工

"野狗"式员工是业绩好，但个人价值观与企业价值观不匹配的员工。这样的员工大多毫无团队荣誉感，为了业绩不择手段，不把客户和客户价值放在眼里。

关明生认为，管理者在任用"野狗"式员工时有很大的风险。他们能够给团队创造价值，当他的业绩占到团队业绩的30%甚至70%时，出于团队业绩考量，管理者往往无法割舍这类员工，但这类员工的存在，又会让其他员工心存不满，这会使管理者陷入两难境地。

在管理中，是选择个人还是团队？选择业绩还是管理？选择眼前还是未来？管理者很难抉择。我曾经走访过很多企业，他们大多最终都选择了要业绩。但实际情况是，当管理者选择业绩时，他的团队注定难以成功。

阿里对于"野狗"式员工的处理方式是："示众"。何谓"示众"？就是从严、从重、从快地公开处理。从严就是零容忍，严肃处理；从重就是按照阿里制度，给予"野狗"式员工开除处分；从快就是"刀要快"，一旦发现"野狗"式员工损害到团队、公司的利益，绝不心慈手软，立刻按照制度执行；公开就是对于"野狗"式员工的处理要在团队所有员工面前公开进行，这不仅对于其他员工有警醒作用，还表明公司对于"野狗"式员工的处理态度是零容忍。

5. "狗"式员工

这类员工的业绩和价值观都不达标。

总而言之，关明生在"271活力曲线"的基础上，进行了制度的升级，并在制度上向阿里的管理者提出了具体要求：作为管理者要"赏明星，杀白兔，野狗要示众"。这其实也是对管理者管理能力的一种修炼。总是做老好人、从不开除员工的管理者，他的管理能力一定是缺失的，一定不是一个合格的管理者。

三、人才成长体系升级

在人才成长体系里，阿里巴巴把80%的钱都花在了管理者成长上面，形成了现在被外界广为传颂的"阿里巴巴管理三板斧"。在平时储备人才，这些人才有可能在关键时刻帮助企业力挽狂澜，绝处逢生。

关明生提出的一些管理理念，对阿里的影响深远，不仅帮助阿里实现了人才成长体系的升级，而且还为"阿里巴巴管理三板斧"的确立奠定了基础。

很多人都认为"阿里巴巴管理三板斧"是具体的某三招，其实不然。在我看来，它是一种结构化的思维方式。如中供铁军的"三板斧"，支付宝团队的"支付宝三板斧"、淘宝团队的"淘宝三板斧"，还有"湖畔三板斧""阿里制度三板斧"等。"三板斧"衍生出多个版本。

"阿里巴巴管理三板斧"其实在阿里是"九板斧"。"九板斧"分为头部、腰部和腿部，是对初级、中级和高级管理者分别做经理技能、管理者发展和领导力三个层次的管理培训（见图1–3）。

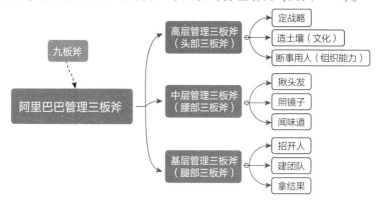

图1–3 "阿里巴巴管理三板斧"

1. 基层管理三板斧

基层管理三板斧为：招开人、建团队、拿结果。当这三项管理技能和理念被提出来后，为了证明这一管理技能的有效性，阿里湖畔学院专门进行了课程开发。

需要说明的是，湖畔学院与湖畔大学是两个不同的组织，湖畔学院是阿里内部培养与发展管理者的部门，隶属阿里巴巴集团政委；湖畔大学是马云和一些国内知名的企业家朋友合办的一个提升企业家领导力的机构，隶属于马云。

后来，在孙鉴、晓佳、陆凯薇、王民明、万菁老师的指导下，"基层管理三板斧"被设计成了一套四天三晚的体验式课程。

2. 中层管理三板斧

中层管理三板斧为：揪头发、照镜子、闻味道。"揪头发"修炼的是管理者的眼界；"照镜子"修炼的是管理者的胸怀；"闻味道"修炼的是管理者的心力。这三项管理技巧在阿里被称为"管理者的修炼"。

中层管理三板斧也被称为"腰部三板斧"。腰部在人的身体里起着承上启下的作用，阿里的管理三板斧里也起着同样的作用。中层管理者是最容易出现问题的层级，出现包括"屁股决定脑袋"的本位主义、"捡了芝麻丢了西瓜"的急功近利行为、难以平衡短期目标与长期目标、大团队的战略与小团队的发展取舍等问题。

中层管理三板斧能够帮助企业塑造内心强大、视人为人、使命驱动的优秀中层管理者，是企业打造管理团队梯度成长和发展的基础，并通过带动管理者成长来真正促进整个组织的成长。

3. 高层管理三板斧

高层管理三板斧也被称为"头部三板斧"。高层管理三板斧修炼的是管理者的领导力。其主要内容是：定战略、造土壤（文化）、断事用人（组织能力）。

关明生认为，战略是一家企业的未来和方向，定战略就是要求高层管理者设计出适合企业发展和市场需求的产品。在阿里，如果做到严格执行正确的战略，企业就成功了，而"好战略是熬出来的"。

造土壤是指打造企业文化。在阿里，企业文化是贯穿所有管理理论的，它占的比重非常大。俗话说"有道无术尚可术，有术无道止于术"，无论什么样的企业顶层文化设计，都离不开对员工的关怀。

阿里的价值观有诚信、敬业、激情，表面看起来，这不像一个公司的价值观，这分明是做人的标准。

断事用人说的是组织能力，是高层管理者最核心的管理能力。关明生认为管理者对待不同的员工要采取不同的管理方式。

总而言之，头部管理者要修炼断事用人的眼光，用对"腰部或腿部管理者"；"腰部管理者"要把团队建立起来；"腿部管理者"要重点关注招开人。

当管理者打通人和事方面的"要害点"后，一个团队才具备了拿结果的能力，才能真正建立起符合团队的文化。当团队文化建立起来以后，人和事才能合一。阿里将这个过程总结为一句话：一颗心、一张图、一场仗。

1.1.2　一颗心、一张图、一场仗

组织升级不仅让阿里快速成长起来，形成了"一颗心、一张图、一场仗"，这也是阿里在非典时期能够转"危"为"机"的原因所在。

"一颗心"是说团队的所有成员要彼此信任、简单开放，要在一条战线上。作为管理者，请你扪心自问一下：

你和你的团队以及整个公司是不是一条心？

你的团队是一群什么样的人？你们是否有默契？你是否有能力带动整个公司，包括员工朝着目标前进？

你该如何调动员工的工作动力，又如何定义他们的工作价值？

……

以上这些问题都与"一颗心"有关。很多团队或团队成员各自为战，最终分崩离析，往往就是"这颗心"出了问题。

阿里之所以能够在非典战"疫"中转"危"为"机"，是因为阿里人具有共同的价值观，像家人一样团结，愿意花时间建立信任，产生了亲情，彼此形成了"一颗心"。由此可见，管理者需要通过创建一个相互信任的环境来凝聚团队，让团队形成"一颗心"。

阿里的中供铁军之所以所向无敌，战无不胜，最大的原因在于拥有"一颗心"。一个好的团队一定是一个有良好凝聚力、向心力，能够一起扛下所有困难，一起享受快乐时光的大家庭。所以如何凝聚组织的"一颗心"，就是管理者真正需要去思考的地方。

"一张图"的作用是帮助团队、组织建立共同的战略目标，并且共享目标，形成合力，共同看见前进的方向。

在阿里，我们把"一张图"解释为：一群有情有义的人，共同做一件有价值、有意义的事。事实上，每个员工的心里都有"一团火"，作为管理者，我们要能看到那团"火"。我们要去激活团队，赋能员工，点燃他们内心那团宝贵的火焰，让团队有共同的目标，最终形成"一张图"。

"一场仗"就是通过"战争"的方式，让员工突破自我，达成目标。带团队是有策略的，阿里最喜欢用的方式是"战争"。阿里铁军就是通过一场场大仗"打"出来的，通过"战争"从胜利走向胜利，借事修人，以战养兵。

让团队成员在事上"磨"，不断地突破自己。最关键的是，通过"战争"能创立一种精神、塑造一种军魂、提供一片土壤，最终成为企业的文化坐标。一个企业的文化一定不是设计规划出来的，而是在创业过程中塑造出来、生长出来的。

"一颗心、一张图、一场仗"不是一蹴而就的，而是通过时间的洗礼，才能形成并发挥作用的。正如现在我们在疫情时面临的所有管理问题一样，不是现在才出现的，而是由我们三年前、五年前，甚至十年前的管理动作所决定的。你在人才培养方面做了什么工作？企业在机制、体制方面有什么样的基础？你现在面临的考验已经不仅仅是如何应对疫情了，还包括如何建立科学的管理体系。

种一棵树，最好的时间是十年前，其次是现在。

阿里通过非典战"疫""照镜子"，明白了组织升级的重要性；如今，疫情依旧给了我们一次很好的"照镜子"的机会。

如果你的企业没有进行组织升级，正好利用疫情去看清楚这些问题，从而搭建企业的文化体系、绩效体系、人才成长体系，让组织利用"一张图"打赢一场仗，最后形成"一颗心"。也许之后，你将会把企业带向更高的发展高度。

"千磨万击还坚劲，任尔东西南北风"，在马云、关明生等人的带领下，阿里经此一战，成功转"危"为"机"，打造出了一套属于自己的文化、机制和人才成长体制，让阿里之后在电商领域翱翔天际，一展鸿鹄之志。我们也该如此，在本次战"疫"过程中，学会转"危"为"机"。

1.2　一张图：四件"法宝"让团队形成战略共识，共同看见

"一张图"就像"灯塔"，让所有的人力出一孔。因此，如果你要克服危机，完成年度目标，就要从愿景到战略，从策略到战术，形成自上而下的统一共识。这里面最重要的就是战略和组织的匹配。

作为管理者、企业家，今天我们要想让组织、团队形成"一张图"（见图1-4），面对的挑战是非常大的。

企业一定要清楚自己的战略，比如危机出现后，企业要思考这段时间的战略目标是什么，如果没有出现危机，企业全年的目标是什么。如今很多中小微企业没有清晰的战略，往往在战术上勤奋，而在战略上懒惰。

所以企业一定要使团队清楚地了解战略目标，要把这"一张图"呈现出来，让每一个管理者清晰地看见。在这个方面，阿里要求所有腰部管理者一定要懂战略，知道企业的战略。管理者只有清楚战略目标，才能够向下层层传递，让所有人都了解企业的战略目标。

那么，根据上述过程，企业可以借助哪些管理动作形成"一张图"呢？

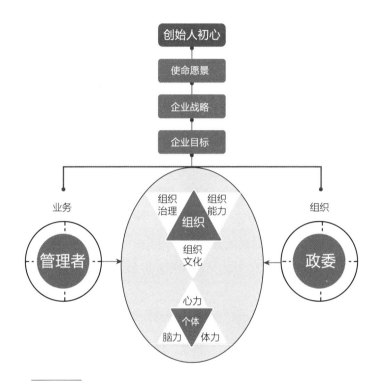

图 1-4　阿里巴巴"一张图"的创建过程

在阿里，让团队形成"一张图"，最好的管理动作之一就是"启动会"。以下是阿里巴巴"启动会"的"四件法宝"。

1.2.1　第一件法宝——点燃内心

"启动会"的作用是点燃员工的内心，让团队成员发自内心地去完成目标。要想点燃员工的内心，就要先触动员工的心灵，这就需要借助管理者"走心"的、有温度的表达。例如，我在疫情期间给团队开"启动会"的方法是：看视频、做分享、量目标和争荣誉等。

　　值得注意的是，在早年的阿里，一些团队会采用"扎头巾""喝鸡血酒"的方式来点燃员工的内心，这些方法在现在恐怕已经行不通了。

　　如今在职场中，"90 后"和"00 后"群体成为主力军，"打鸡血"的方式在他们看来就是"洗脑""忽悠"。而且，他们生活在物质条件较为丰厚的环境中，不再以生存为目标，而是希望通过工作来改变自己的生活，满足更高的精神需求。

　　在本次疫情形势向好、企业复工之后，我在网络上看见许多管理者抱怨"90 后""00 后"员工不愿意复工，不愿意与企业共度危机。为何会出现这种现象呢？因为员工的内心没有被点燃，他们认为自己与企业之间只存在交易关系，并没有义务去陪企业度过"寒冬"。

　　如果管理者能够不画"大饼"、不打"鸡血"，在让员工看见可得的利益的基础上，点燃他们的内心，让他们将工作看成自己的事业，管理者又何愁员工不愿与企业共进退呢？

　　所以，管理者在做点燃员工内心的工作时，还要根据员工的内在需求做好不同的管理动作。例如针对"90 后""00 后"员工，要多找一些关于青春、关于梦想的内容去点燃他们的内心。

　　我是在阿里工作过十年的老兵，十分了解点燃内心的重要性，即便后来我离开阿里，创办天津知行管理咨询有限公司后也未曾忘记。在本次疫情期间，我时刻保持对员工心理状态、工作状态的重点关注，并时刻鼓励员工在工作群中分享自己的工作、生活事件（见图 1-5），从而让整个团队如同一个大家庭一样，大家有甜一起享，有苦一起吃。

　　除此之外，我们还会每天互道"早安"，分享一些能够激励人心的内容。也许在最初，有些伙伴认为这是在做无用之功，但经过一个多月的实践后，我发现互道"早安"不仅可以让人获得一个好心情，还能在一定程度上提升团队凝聚力，形成集体感，使大家愿意在疫情中一起共进退。

图 1-5　疫情期间点燃内心的方式

1.2.2　第二件法宝——燃爆状态

在开"启动会"时，管理者一定要把氛围推向高潮，这个过程在阿里被称为营造氛围、促进"攀比"、勇于突破。阿里在这方面有很多方法可以参考，比如报目标、较量、对赌和授旗等。

我在阿里工作近 10 年，见过的"启动会"不计其数，其形式也是各式各样。除了常规的报目标、下军令状、分享等形式外，有的团队还会搞一些活动，比如手拉手肩并肩闯关、拔河比赛等。

"启动会"上常用的工具有：锣鼓、红头绳、"战争"视频，这一类工具一般出现在"大战"时（3 月、6 月、9 月、12 月）；对个人的故事采访、家人的录音、感人的视频，这一类工具一般在需要宣扬团队感和驱动员工完成目标时使用，比如春节后的大周会等。

疫情期间，我的团队用的方法是：让员工分享自己的所思所想和运动视频等。

启内心是激活内在动力，而注动力则是借助外力，给员工动力。给员工注动力的最好方式，就是找到与他同级别的其他伙伴来"现身说法"，这是阿里最常用的激励方式之一。

我最常用的方法是：让曾经做过百万元销售业绩的员工来给其他员工做真实的分享。

1.2.3 第三件法宝——给予方法

要想借"启动会"激活员工内在动力并提升员工的信心，需要有可落地的有效方法作为支撑。管理者要给团队成员一条能实现目标的路径，比如疫情期间员工应该如何克服困难，完成目标等。

在疫情期间，我将"启动会"开到线上，通过视频会议的形式鼓励各个团队成员分享自己在工作中遇到的困难，然后让整个团队成员进行讨论，最终找出具体可行的解决方法。这不仅提高了团队成员分析问题、解决问题的能力，还增进了团队内部的交流。

当出现讨论不出结果的问题时，我会与出现该问题的员工进行一对一的交流，通过言传身教、手把手地教，来帮助他们解决当前问题。

有些管理者发现某些员工解决不了的问题很简单，于是不愿意去教，或者认为没必要教。这实际上是在打击员工的自信心、减弱员工的内在驱动力。管理者应该让员工在解决问题的过程中学习，进而提升他们的学习能力和应对问题的能力，这是一个建立信心的过程。管理者一定要确保每个团队成员上战场的时候他的武器是擦亮的，子弹是充足的。

1.2.4　第四件法宝——明确目标

企业的目标是什么？企业面对危机时的目标是什么？

这是管理者在"启动会"上一定要与员工分享的内容。在我的团队里，我会给所有的员工讲清楚，我们要如何应对危机。这次危机给企业带来的挑战是什么。管理者不要回避问题，要直面问题，激励每位成员形成一股合力，共渡难关。

不管什么样的"启动会"，使用什么样的工具，其目的都是为了让所有人形成战略共识，共同明确目标，从而形成"一张图"。管理者需要不断地带领员工完成目标，取得胜利，再从胜利走向另一个胜利。

马云曾说："今天很残酷，明天更残酷，后天很美好，但是大多数人死在明天晚上，看不到后天的太阳。"阿里的启动大会便是画了"一张图"，让员工共同看见并相信后天的美好，同时给予他们武器应对残酷的今天和明天。

1.3 一场仗：企业打赢“战争”的“三部曲”

正如克劳塞维茨所说："胜利源于所有物质和精神方面的优势总和，一场完美的战役也是基于此策划的，只有战场才能让一个人成为将军。"于是，阿里引进"战争"这一管理理念，让众多阿里人在一场又一场"战争"中获得成长。

时至今日，不仅是阿里，还有许多企业都使用了"战争"的理念，特别是团队在冲业绩时，常常会用这一理念为自己的团队造势。当然，这里的"一场仗"不是让管理者带着团队去和竞争对手打架，而是让管理者带着团队为了目标而奋斗。阿里把"战争"这个词落到了团队状态、团队成长的层面，这是"打仗"的本质。

非典疫情对当时的阿里等企业是一场"战争"，现在的疫情对众多企业而言依旧如此。为何当年的阿里一定要用"战争"的理念来攻克非典疫情呢？

"战争"是最完美的团建，是团建的最高表现形式；"战争"可以帮助团队成员找到最真实的自我，突破自我极限，使梦想和激情永续；"战争"可以创立一种精神，塑造一种军魂，提供一片土壤，成为企业的文化坐标；"战争"是磨炼高阶领导力的最好方式，并可内化成最强大的力量。

由此可见，"战争"对当时处于非典疫情之下的阿里是有百利而无一害的，是帮助阿里走出疫情影响的利器。如果没有这样的

"战争"文化，就没有中供铁军的魂，没有中供铁军就没有今日的
阿里。

如今处于疫情之下的企业，如同曾经的阿里，想要在疫情下转
"危"为"机"，就需要用"战争"的理念凝聚团队，达到"兄弟
同心，其利断金"的效果。

那么，如今的企业应该如何战胜这场疫情呢？我们可以借鉴阿
里打赢非典战"疫"的经验。

1.3.1 "大战"前：激发状态、共享策略、匹配资源

疫情"大战"前，管理者需要实现的目标便是激发团队状态、
共享战略、匹配资源（见图 1 - 6）。要完成这三个目标，上文中提
及的"启动会"便是主要方式之一。

图 1-6 "大战"前需要实现的三个目标

"启动会"的核心在于：通过放大荣耀和扩散痛苦，管理者可
以找到大战的理由。不论管理者采用何种形式的"启动会"，都需
要谨记激励的三大原则，即激励自己，融入情感，懂人心、通人性
的原则。

非典战"疫"打响之前，阿里的动员隔离大会发挥了"启动

会"的作用。在会上，马云的一系列安排不仅让众多员工安下心来、有了主心骨，还激发了员工们的干劲儿。随后，在马云的领导下，所有员工开始进行战前准备工作，确保每个员工都有电脑、网线、桌子等办公工具。与此同时，马云派遣技术人员与电信部门接洽，让每个员工都能联网并接入公司系统。

这一会议不仅激活了员工状态，还与员工共享了策略，并进行了合理化的资源匹配，这让阿里能够在员工被隔离期间快速进行线上办公，为其成功打赢非典战"疫"奠定了基础。

非典战"疫"的胜利，让阿里看到了"启动会"在"战争"前发挥的巨大作用，于是将"启动会"变为了工作中一个较为常用的管理工具。

例如，我记得在天津准备"千万战争"时，便开展了"启动会"。当时，我带领的团队的业绩仅仅只有400多万元，如果要在一个月将业绩冲到千万元，相当于我的团队需要在一个月之内实现两倍多的增长，任务很艰巨。当时，团队中有很多人都不相信这个目标可以实现，士气低迷。

为了达到激活状态、共享策略、匹配资源的目标，我开展了一场与众不同的"启动会"，即我带着七十个员工去爬居庸关长城的最后十三个烽火台。

在爬完第一个烽火台时，我们团队中就有人出现了低血糖的症状，在爬到中间时，有人出现了血压突然升高的情况，但成员之间相互帮扶，没有一个成员落下，最终所有人都登上了第十三个烽火台。这次"启动会"让团队成员明白了，虽然一个人可以走得很快，但一群人可以走得很远。

到达第十三个烽火台后，我正式召开"启动会"。在这次"启动会"上，我主要讲清楚了一件事，即我们为什么要打这场仗？打这场仗是为自己、为家人、为兄弟，北方所有团队的业绩都没有过千万元，我们要争第一个业绩过千万元的团队荣誉，为兄弟团队赢得荣誉。通过此次"启动会"，团队成员上下一心，干劲儿十足。

1.3.2　"大战"时：做好"黄金五件事"

"大战"正式开始后，整个团队都在前线拼杀，作为管理者同样不能掉以轻心。那么，管理者在"大战"进行的过程中要做哪些工作呢？

在阿里的非典战"疫"中，管理者做了"黄金五件事"（见图1-7）。

图 1-7　"黄金五件事"

一、第一件事：激励 + 节奏

在"大战"中，管理者一定要有明确的激励措施，把节奏打出来。

正所谓"重赏之下，必有勇夫"，既然想打一场声势浩大的大仗，激励更多的人去完成目标，所采取的激励措施就要与平时有所区别。再者，此时的激励已不单单是对节奏的把控，更是针对完成目标设置的一个阶段性鼓点。

举个例子，如果部门业绩目标是 600 万元，第一周要完成 150 万元的业绩，由 5 个人去共同完成，平均下来每个人便要完成 30 万元的业绩。但 30 万元只是目标，我们所要激励的是率先突破 40 万元业绩的人，对他们进行重赏，这样才能让其他人在重赏之下，不断突破，勇创佳绩。

为了将整个激励政策贯穿始中，管理者要想方设法将激励转化为一根指挥棒，让这根指挥棒去转化员工的立场和力量。

由此可见，管理者要给团队成员更多的激励，并根据实际情况去设计激励的措施，充分调动员工参与的积极性。

具体而言，我们可以从个人、团队、破单率、大单、快枪手、业绩排行榜、破历史新高、某一个业绩高点（如百万元，百个客户数之类的）等方面入手实施。当然，再好的激励也一定要秉承先宣布后实行的策略，且兑现激励的时间越快越好，这样才能收到立竿见影的效果。

二、第二件事：检查

在阿里，每一场"大战"中都会实时播报数据，营造"大战"氛围，让员工相信目标可以达成。例如，在非典战"疫"中，阿里实时向员工播报任务目标完成进程，通过这一过程，让员工看见结果，帮助员工建立信心，以更好的状态投入接下来的工作中。

除此之外，在疫情期间，阿里的每个团队在晚上都会召开线上分享会，让做得好的人分享经验，提升员工的成就感。分享之后，团队会继续进行总结和复盘，让每一个成员都有一定的收获。在线上周会上，员工可以相互打分，从而分出"2""7""1"员工，被评为"2"的员工会分享他这一周的收获、规划、思考，被评为"1"的员工则会谈谈自己的感受等。

阿里在非典战"疫"中的检查行动，在今天面对疫情之时，依然行之有效，其他企业可以借鉴、参考。

三、第三件事：树立标杆

在非典战"疫"中，阿里的管理者会及时分享"战报"，在团队成员中树立标杆，主要目的是激发一线员工们的斗志。发"战报"的标准格式是："击败×××（对手名），我们又贡献了××业绩"。

四、第四件事：给予关怀

当战争进入白热化阶段时，管理者需要给予员工关怀，并对团队中互帮互助的事例进行宣传，激发员工的积极性。

例如，阿里在隔离期间，马云、彭蕾、关明生等人每天都会给员工打电话，关心员工的身体状况，鼓励员工。各个团队成员都可以通过摄像头相互打招呼，也可以一起娱乐，比如有的员工直播家庭吃西瓜大赛；有的员工则邀请马云、彭蕾等在线上唱歌，当时彭蕾唱了一首《踏浪》，引起员工们阵阵欢呼；还有一些管理者想方设法地为员工买中药，并在线上带领员工做运动……

这些温暖的小细节增加了阿里团队的凝聚力，让大家如同一家人一般，让众多员工愿意秉持着"士为知己者死"的想法与企业共同渡过难关。

总而言之，企业应该做到"刚要刚到骨子里，柔要柔到内心里"，一线员工奋力拼搏，管理者在后方要给予无微不至的关怀。

五、文化

管理者在"大战"的过程中要有一双发现美的眼睛，在"大战"过程中发现每一个团队成员的优点，还要清楚自己的目标，我们要什么、不要什么。正如马云所说："我以及每一位阿里人，有足够的时间思考，并找到阿里人以及他们表现出的阿里精神的真正内涵所在。"

当时，一位名为崔莲的阿里人，同另外三个同事被隔离在一处偏远的农房里。他们买了一张桌子，从公司搬来了四台电脑，然后接了一根网线，开始工作。这里不仅工作环境十分糟糕，生活情况也十分困难，四个人只有一张床，吃饭也只能让别人把饭菜放到提篮里，用绳子从窗户外面吊进来，十分不方便。即便条件艰苦，他们也没有灰心丧气，而是通过默契的合作，以极高的效率完成了各项任务。

这样的例子还有很多，阿里将其整理成案例，并用这些案例去鼓励其他员工。有许多案例在今天提起来，仍旧能触动阿里人的内心。

后来，为了发扬这种面对疫情不放弃、艰苦奋斗、团结一心的精神，马云将5月10日定为"阿里日"，将这种精神变为阿里文化、阿里精神的一部分，并将其传递下去。虽然非典疫情已经成为过去式，但阿里人在非典战"疫"过程中表现出来的团结、敬业、互助互爱等精神将会一直传递下去。

如今，其他企业在面临疫情之时，也可以将企业中的"有血有肉"的真实故事、共同的经历等传递下去，打造企业的价值观，将所有的坎坷甚至灾难沉淀成文化，从而激励更多的员工投入接下来的"战争"之中。

以上便是阿里在非典战"疫"中做的"黄金五件事"，其他企业也可以借鉴。

1.3.3 "大战" 后：把荣誉带给团队

有始必有终，"大战"后还需要进行扫尾工作。阿里在非典战"疫"后的扫尾工作主要分为四大模块（见图 1–8）。

"大战"后最重要的工作是及时兑现荣誉。在 2003 年 5 月 10 日，淘宝正式上线，其主页面写着"纪念在非典时期辛勤工作的人们"，这也是阿里对员工工作的认可与感谢。在非典战"疫"彻底结束之后，阿里对这些不离不弃的员工也给予了奖励并颁发了相应的荣誉。在非典战"疫"后，荣誉奖励的传统被一直延续了下来，每年的阿里日，阿里都会为员工举办集体婚礼。

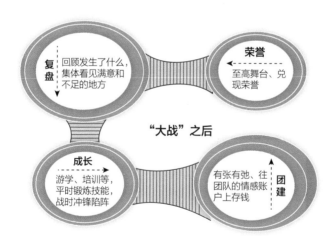

图 1–8　阿里 "大战" 后的四大工作模块

每一场"大战"结束后，我都会组织我的团队进行一次团建，让团队业绩最好的成员站在舞台正中央的聚光灯下，让他在整个团队和家人面前，分享目标完成的过程并将激情全部释放出来，去感染每一个人，让团队的其他成员也能感受到这份荣耀感。

一场大战的结束，就是另外一场"大战"的开始。当员工站在聚光灯下感受荣耀后，将会在接下来的大战中更加努力，以争取再一次站在聚光灯下接受鲜花与掌声，这就是阿里重视战后兑现荣誉的原因。

兑现荣誉之后，就需要对本次"大战"进行复盘，分析其中存在的问题与不足，寻找更好的解决方案，为今后的"大战"积累经验；随后，管理者要根据复盘的结果，找出员工存在的问题，通过培训等方式让他们获得成长；最后，通过团建，让他们调整状态。

以上就是阿里在非典战"疫"的"大战"前、"大战"中、"大战"后做的工作。

以我在阿里近十年的经历来看，打好一场仗不是经历一两次"大战"就能做好的，阿里之所以现在的每场仗都能打出成绩，这也是基于十几年的积淀才达到的效果。俗话说"一口吃不成胖子"，想要打好一场仗，管理者要不断地重复、不断地实践、不断地总结才能掌握其中的精髓。

"战争"就是最好的团建。成功不是说出来的，也不是做出来的，而是拼出来的。成功是一群人放下所有杂念，奋不顾身，用汗水和泪水闯出来的。正如马云所言："但凡一个个人乃至一个公司，要成就其非凡的伟大，必经受并战胜非常的困难和挑战。"

我们在面临危机之时，要秉持"凡打不倒我的，必使我强大"的信念，与团队成员一起努力，最终赢得胜利。

1.4　应对危机，　把控三条线

1914 年，探险家沙克尔顿与 27 名船员踏上南极探险之路。天不遂人愿，在沙克尔顿一行人进入极地的一个月后，他们的探险船被一块浮冰冻住，并开始偏离预定的路线。为了帮助员工保持良好的心态，沙克尔顿按照船员的优势，重新分配了工作，他还定期举办一些娱乐活动，让整个团队保持良好的氛围。

可灾厄并不打算就此远离他们，在 1915 年 10 月，沙克尔顿一行人因探险船受损严重不得不离开，在浮冰上生存。沙克尔顿没有因糟糕的现状而发慌，他冷静并理智地制定了一系列方案，并在之后的日子里，鼓励和关心船员。在历经种种磨难后，沙克尔顿带领着船员找到了陆地，成功生存下来。

一位同行的船员回想起当时的场景，他说："当时所有的人都感到害怕，不知道该怎么办。谁能带领我们走出困境，谁就是真正的领导者。沙克尔顿的行动让我们明白了这个道理。"

你是否感觉沙克尔顿面对危机的做法似曾相识？阿里在非典战"疫"时，也采用了相似的管理方式，我们甚至可以在马云身上看见探险家沙克尔顿的影子，他们都是如此的果断，并在危机中展现出卓越的领导力。

如今，在面对危机时，管理者可以以沙克尔顿和马云为榜样，战胜危机。其中，我认为最难的在于三个方面：目标把控、状态保障、技能提升。这三个层面是对管理者的领导力与管理能力的重大考验。

根据沙克尔顿的冒险经历、马云在非典战"疫"的经验，以及我现在团队远程办公的经验可知，管理者要想打好疫情这一仗，还需要把控目标线、状态线和技能线。

1.4.1 把控目标线

沙克尔顿在稳定团队氛围时，一直在让船员相信"一定可以成功到达陆地"，马云在非典战"疫"期间，一直在跟员工明确"一定能成功度过疫情"的目标。由此可见，管理者在面对如今的疫情或其他危机时，也需要让员工有清晰的目标，如此才能让员工有足够的信念支撑下去。

此前，有许多企业在疫情期间开启了线上办公模式。这意味着，员工在家办公，如果没有清晰的目标，他可能一直躺在床上"工作"。而且由于在家中有其他众多干扰因素，会导致员工的工作效率下降。因此，管理者要把目标划分到每一位员工身上，让员工做到目标必达、使命必达。

管理者把控目标线可以使全体成员各司其职，避免懒散的情绪蔓延。

阿里全员被隔离的期间，规定员工每天都要在雅虎通打卡。管理者还可以通过发邮件、打电话等方式与员工沟通，了解员工的工作状态与心理状态，从而提出有效的建议，帮助员工达成目标。

我在借鉴阿里非典战"疫"经验的基础上，根据自己线上办公的经验，总结出让员工达成目标的方法，即"目标达成的钢七连"（见图1-9）。

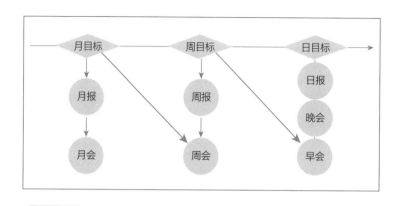

图 1-9 达成目标的"钢七连"

　　这一方法就是通过"三报四会"将员工的月目标、周目标以及日目标连接在一起。员工如果能够完成每天的日目标，那么周目标的完成就顺理成章；如果员工完成了每个周目标，月目标自然会达成。

　　管理者帮助员工完成日目标，可以通过"日报""晚会""早会"这三个管理的基本动作。在员工写日报之前，管理者一定要设置合理的交日报的时间，并规定日报撰写的内容。我在让团队的成员写日报时，一般要求他们在晚上提交，日报的内容包括今日的工作任务完成情况、在工作中的收获这两个方面。以下是我带的团队伙伴写的日报（见图 1-10）。

　　这份日报撰写得十分清晰，可以让我对他的工作进度有明确的了解，还可以了解他目前的心态，从而及时发现他在工作中存在的问题，并向他提出相关建议。

　　管理者在开早会时，主要的目的是为了激发员工工作状态，让员工充满活力、明确目标，并对目标进行重点突破。

　　在早会开始前，我会在群里发送一张图片，然后向成员道"早

王中伟的工作日报

02.05 23:56 志接收人 >

1|今日工作回顾：

1.进入战备状态，激发组织活力课程的录制[完成]

2.上午十点半开始，与苏哥交流销售课的第一部分和第二部分[未完成]

3.晚会课程的迭代[完成]

4.与小贤交流管理实践的规划[完成]

5.迭代《企业战疫》的课件[完成]

6.回答李晨、杨春、筠盛的问题[完成]

7.辅助婷婷制作课程方面的资料[完成]

2 |今日收获分享：

创业笔记|一个项目的思考模式

一个项目的启动就好比一家公司的创立，最初都是从"顶层设计"开始的。要有全局思维、整体观，同时又能透过现象看到本质，抓住事情的核心。这也就是我们一直在说的见木又见林，从原点开始思考，从顶层开始架构！

一个项目的启动，需要想清楚三个层面的问题：

1.为什么做？这个项目的核心价值是什么？想不清楚为什么，其他的一切免谈。一个人或者一个团队，是一定不会持续不断地去做一件连他自己都不清楚为什么要做的事情的！一个项目的启动，先要想清楚这个为什么，想不清楚就没有开始的必要。我经历过很多项目，凡是那些刚开始就没有想清楚为什么的项目，基本上都半途而废了，无一例外！

想清楚为什么之所以这么重要，是因为只有这样才能找到初心、找到原动力！原动力是做成一件事情的基石，也是持续不断的能量来源，没有它，走不了多远就没动力了，怎么可能走得远！

一件事情、一个项目的开始，要多问自己几个为什么，为什么是它？不做行不行？每想清楚一个为什么，就会少走一条弯路。

在思考为什么的过程中，最重要的是要有利他思维，要沿着客户价值这条线去推进。

2.做成什么样？终极目标是什么？这就好比登山，你到底是想登蓟县的盘山，还是想登泰山，还是想登顶珠穆朗玛峰，有什么样的目标就需要做什么样的准备。

图 1-10 "知行"团队成员的日报

安"，进行早会的预热工作；在早会中，我一般会让负责今日早会的负责人进行相关分享，然后让其他成员说出自己昨天的工作情况，以及今天的工作目标；最后，我们会一起讨论昨天工作中还存在的一些问题。这样的流程，能够充分发挥早会的效用。

管理者开晚会时，需要追踪早会的结果，然后对一天的工作进行复盘。我在开晚会时，会让员工先回顾自己的早会目标，然后判断员工的早会目标是否达成。随后再让员工对一天的工作进行复盘，分析没有达成目标的原因，总结达成目标的优秀方法，并总结成文档，方便以后查阅参考。

对于周目标的达成，管理者要紧抓"周报"和"周会"。我一直要求团队成员写周报，主要内容包括：本周目标的完成情况、本周工作的整体复盘、明确月目标、制定下周的周目标，以及完成周目标的方法策略。图 1 – 11 是我的团队伙伴撰写的周报。

> **王中伟的工作周报**
> 02.09 23:19日志接收人>
>
> 1 I对本周目标清晰展示，并标注[完成] 或 [未完成]:第一周(02.03—02.09)
>
> 1.管理者基本动作人才、培养[完成]
>
> 2.成长引力管理者社群的探讨[完成]
>
> 3.销售课程的试讲[完成]
>
> 2 I对本周目标整体复盘，复盘核心是:1.围绕周目标和结果;2.围绕过程数据;3.围绕个人成长。本周制定的目标基本全部完成，一是把之前做的目标的7节课重新迭代，二是对人才与培养模块的课程进行了迭代，三是参与了成长引力各个模块的产品会议，四是参与了B端事业部的规划
>
> 3 I明确月目标(月 目标的清晰，是定好周目标的前提，因为没有月哪有周，没有周哪有日)
>
> 1.管理者基本动作课程16节课程的迭代与录制
>
> 2.成长引力管理者社群产品的探讨与全新升级
>
> 3.销售课程《直销魂.冠军心》的课程策划与试讲
>
> 4.正规的产品部门的建制研究
>
> 5.产品开发机制的搭建与人员的招聘(销售方向为主)
>
> 6.产品部门组织能力提升方面的规划
>
> 4 I定出清晰可衡量的周目标(如需配合，请@对方):第二周(02.10—02.16)
>
> 1.销售课程的磨课与培训
>
> 2.管理者基本动作团建与沟通的迭代
>
> 3.管理者基本动作目标模块的部分录制与制作
>
> 4.产品部门正规建制的研究对标
>
> 5 I写出周目标达成的方法策略，根据周目标确定每日要事。本周要事依然是管理者基本动作课程的迭代，以及销售课程的磨课。

图 1 – 11 "知行"团队成员的周报

管理者在开周会时，需要让员工分享上周工作的完成情况，讨论工作中出现的问题，随后还需要对本周工作进行更为详细的复盘；最后，还要让员工制定下周的目标，并调整月目标。

针对月目标的达成，管理者可以借助"月报"和"月会"这两个管理动作。我在带团队时，要求员工月报撰写的内容包括本月目标的达成情况、下月目标的确定以及达成方法。"月会"的内容也与"月报"相似，只不过更为具体，可以面对面地与全员进行讨论与分享。图1-12是我带领的团队伙伴撰写的月报内容。

王中伟的工作月报
02.02 22:41日志接收人>

1|下月目标制定：
1.管理者基本动作课程16节课程的迭代与录制
2.成长引力管理者社群产品的探讨与全新升级
3.销售课程《直销魂.冠军心》的课程策划与试讲
4.正规的产品部门的建制研究
5.产品开发机制的搭建与人员的招聘(销售方向为主)
6.产品部门组织能力提升方面的规划
2|下月目标分解到每周：第一周(02.03—02.09)
1.管理者基本动作人才、培养、团建、沟通共16节课程的迭代与录制
2.成长引力管理者社群的探讨
3.销售课程的试讲

第二周(02.10—02.16)
1.成长引力管理者社群的产品模块升级确定
2.销售课程的磨课
3.产品部门正规建制的研究对标
4.销售方向课程研发人员招聘

第三周(02.17—02.23)
1.销售课程的磨课
2.产品研发机制的建立
3.销售方向课程研发人员确定一人

第四周(02.24—03.01)
1.销售课程的磨课
2.产品部门组织能力提升方面的规划
3|下月目标核心突破点：管理者基本动作课程的迭代完成

图1-12 "知行"团队伙伴的月报

对管理者来说，"三报四会"是管理的基本动作。我们的组织是否健康，就是取决于这些管理的基本动作是否做到位。如果这些动作做不好，目标线就把控不好。

1.4.2 把控状态线

目标线需要状态线的保障，管理者把控状态线，可以控制士气，密切观察团队成员的情绪状态，向员工传递乐观、坚忍的信念。如何让员工保持状态呢？我的方法是"状态传递二三事"（见图 1 –13）。

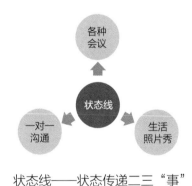

状态线——状态传递二三"事"

图 1 –13　管理者把控状态线的方法

阿里在非典战"疫"期间，管理者会通过线上会议的方式与员工沟通，了解员工的工作情况。当员工在工作中遇见无法解决的问题时，团队会一起讨论，管理者也会对该员工进行一对一的辅导，从而让员工顺利完成工作任务。

除此之外，阿里的管理者还会打电话给员工，关心员工的身心健康，有时还会开展线上的娱乐活动。从工作到生活，阿里的管理者都在帮助员工，让员工感受到团队的温暖，让员工保持良好的工作与生活状态，最终一起打赢非典战"疫"这一仗。

沙克尔顿在面对危机时，也时刻关注着船员的状态。由此可见，团队成员的状态是影响成败的关键因素。

在疫情期间我也十分重视团队的状态。每天开早会前，我会让团队成员把自己早上运动的视频发到群里；早会开始后，每个人分享自己一天的工作目标，然后我会与每一个员工进行一对一的沟通，了解他的问题、心态和需要的支持。同时，大家会在群里分享自己工作时的照片，有人甚至连中午吃什么也会发在群里分享。这样做的目的是为了激活团队活力，使团队迸发激情。

1.4.3　把控技能线

把控技能线的方法是"技能提升金三角"（见图1-14），管理者需要做好团队培训、员工辅导、项目复盘。不管是疫情期间，还是平时管理，我们都要把这些动作做扎实，这要求我们需要反复、持续地做，坚持"一米宽、100米深、一把钢尺量到底"的理念。

"技能提升金三角"

图1-14　管理者把控技能线的方法

在疫情期间，我也没有放弃对团队技能线的把控。首先，我们在每周、每月都会开展复盘工作，找出团队成员在工作中存在的问题，并提出可行的具体方案，让团队成员看到切实的希望，让他们在疫情面前不盲目乐观。我还会在钉钉上开展团队培训，帮助团队成员掌握技能，从而提升工作效率。

总而言之，即使度过危机的过程很痛苦，我们也要保持理性，在关键时刻，让坚定的信念成为抵抗一切的力量。

1.5 一颗心：相信自己，相信团队

在非典战"疫"期间，阿里实现了业务上的创新，成功推出了淘宝网，使业绩不降反增，赢得了非典战"疫"的最终胜利。

当时的阿里将主要业务放在 B2B 层面，还未进军面向个人的零售领域。马云却预见了商机，认为网络零售在未来将会成为热门领域，阿里应该发展零售业务，提前布局。可这一想法并未获得高管们的支持，反对之声不断。

当时，担任阿里 CTO（首席技术官）的吴炯对马云说："Jack，你疯了吗？你这样做会害了公司，我在雅虎跟 eBay 交锋了那么多年，输得心服口服！"

阿里发展零售，就必须与当时风光大盛的 eBay 一较高下。可阿里才成立 4 年，几乎没有人认为阿里能够取得成功。可马云不愿放弃，他认为零售领域的发展前景一片光明，于是带领 6 个人，组成"淘宝"开发团队，秘密进行研发工作。

在非典期间，马云仍旧没有放弃这个看似不可能成功的项目，并从疫情出发，让众多员工洞察到了消费者与商家的线上购买需求，这说服了众多员工开始相信他在零售领域的设想，并愿意为之不断努力。

最终，在 2003 年 5 月 10 日，"淘宝网"正式上线。当阿里的员工看见淘宝网主页上的那句"纪念在'非典'时期辛勤工作的人们"，都不禁感到骄傲与自豪。

淘宝网这个看似不可能成功的项目，却能成功完成，除了马云相信"看到的商机"之外，便是马云让众多员工也相信，从而形成了一颗团结奋斗的心。这也是阿里打赢非典战"疫"的重要一环。

"一颗心"就是运用相信的力量，在相信的过程中让一群人共同看见，如同阿里一直在强调的"一个人的梦想是梦想，一群人的梦想是一个时代"。

相信"相信"的力量在生活中的许多地方都可以得到验证。比如，你相信你能把一件事做好，在做这件事的过程中，你一直鼓励自己，并不断加倍努力，结果真的如你所愿，你把这件事做好了。这就是相信"相信"的力量。

当然，"相信"说起来谁都能懂，但要实际做到确实不易。那么，阿里是如何让员工相信"相信"的力量，形成"一颗心"的呢？

1.5.1　让员工相信自己

法国著名思想家罗曼·罗兰曾说过："先相信自己，然后别人才会相信你。"一个人如果连自己都不相信，那他怎么可能相信别人，相信公司的使命、愿景、价值观？当然不能，人不自信谁人信之。

因此，让团队的成员有足够的自信，是一个管理者最底层的义务和责任。让员工自信有两个必要条件：一是专业；二是挣到钱。两者缺一不可。

一个新员工加入团队，管理者是否有新员工的成长计划，能不能确保新员工在三个月的激烈竞争中生存下来、六个月挣到钱，这些都需要考验管理者的"扎马步"（阿里土话，意思是下硬功夫做的事）的功夫。阿里有一句话叫"如果你不自信，请你假装自信"。

2003 年年初，贺学友与马云公开打了一个赌：在 2003 年一年内完成 365 万元业绩，实现 78% 的续签率。完成这一目标本身便极为困难，而因非典疫情被隔离，让这一目标的完成难上加难。贺学友知道，抱怨非典疫情、怨天尤人没有丝毫作用，自己唯一可以做的便是为实现这一目标拼尽全力。

最重要的一点是，贺学友相信在自己的努力下，一定可以完成这一目标，这不是盲目乐观，而是在对自身能力与潜力有着充分认识的基础上形成的自信。

在此期间，贺学友对自己的客户进行了盘点，然后根据签单的优先程度，做足准备，与客户一一交流沟通。在每天的线上晚会上，贺学友还会与伙伴分享自己的经历，与他们交谈，不断调整自己的客户跟进策略。

虽然疫情阻碍了贺学友完成业绩的脚步，但是阻挡不了他奋斗的想法以及想要帮助客户成功的决心。这是因为"让天下没有难做的生意"的使命，让他不断提升自己的能力与信心，最终仅在疫情期间就完成了 48 万元的业绩，成为当时阿里货真价实的销售冠军。

马云与贺学友打赌，不仅让贺学友对自身能力与潜力有了一个更为明确的认识，帮助贺学友提升了自信，还为其他员工树立了一个奋斗的标杆。

由此可见，自信的力量不可小觑。作为管理者，我们应该在企业处于危机期间帮助员工树立信心，让他们相信自己可以做得更好，相信自己可以与企业一起挺过危机。

1.5.2 让员工相信团队，敢于把后背交给战友

有一句话说得好："自信者信他，信他者自强。"意思是说，自

信的人相信他人，相信他人的人往往自己也是强大的。管理者能不能让团队之间彼此信任、敢于交出"后背"？在这个层面上，需要管理者实实在在地为员工的"信他"造土壤。

我曾经见过很多团队，其中一些团队最多只能算"团伙"，而不是团队。真正的团队应该是一群有情有义的人做一件有意义有价值的事，是一群有共同目标的人一起奔向共同的目标。这一点，阿里的团队在非典战"疫"期间表现得淋漓尽致。

当阿里收到隔离通知后，马云立即启动了应急预案，将线下办公室搬到了线上，家里有电脑的直接在家办公，家里没电脑的员工则可以将办公室的电脑搬回家办公，而且联网费用全由公司支付。除此之外，阿里还将公司的业务电话接到每一个员工的家里，并要求员工和他们的家人，在接到客户电话的时候要说"你好，阿里巴巴"。

虽然被全员隔离，但每一个阿里员工白天依旧像平时一样上下班，晚上还会在线上开展娱乐活动，关心彼此的身体与心理健康，像一家人一样相处。这让阿里以超高的效率完成了各项工作任务，极大地提升了业绩。

正是因为马云的果断以及对员工的关怀，让全体员工上下形成"一颗心"，愿意相信团队，敢于把"后背"交给战友。

在非典疫情结束后，有员工回忆说："在经历过这件事情以后，明显感觉团队与团队之间，或者说团队里面的同事之间的友谊不一样了，整个团队的凝聚力和抗压力更强了。"

我们在面对各项危机时，也需要做到如此，让员工相信团队，形成"一颗心"。正如马云所言："30%的人永远不可能相信你。不要让你的同事为你干活，而让我们的同事为我们的目标干活，共同努力，团结在一个共同的目标下面，就要比团结在你一个企业家下面容易得多。所以首先要说服大家认同共同的理想，而不是让大家来为你干活。"

作为管理者，要做到这一点，我们要知人心、懂人性，走进员工的内心，给予员工关怀，让员工在团队中感受到家人般的温暖，让员工愿意为了共同目标而不断努力奋斗。

1.5.3 让员工相信企业的价值观、使命、愿景

只有做好"自信""信他"两个层面，才能实现第三个层面——"相信"，让员工相信企业的价值观、相信使命、相信愿景、相信"相信"的力量。那么，怎样才能让员工相信企业的价值观、使命、愿景？

作为管理者，你的"相信"至关重要，如果你自己都不信，一定会表现在行为和语言上，很容易被人识破，以自己的不信来让别人相信，这就叫"忽悠"。

因此，管理者在面临危机时，首先自己要相信"我们一定可以成功渡过难关，走向更加美好的未来"。有了这种心态，管理者才能成为团队的"主心骨"，稳住军心，从而建立良好的应战氛围。

管理者还要通过不断描绘未来的愿景，让员工坚信团队一定可以实现这一愿景，让那些"诗和远方"变得可以触摸。比如管理者可以通过讲故事的方式不断地重复、解释愿景，故事是有灵魂的证据。

在这方面，马云做得非常到位。在隔离期间，马云、关明生一直在为员工打气，在每次的线上会议上，他们都会通过讲述一个个非典战"疫"中的真实故事向员工描绘愿景。

除此之外，阿里还在网上开展了"阿里巴巴携手百万商人，同舟共济反非典"的大型主题活动，加大对阿里的宣传力度，还通过

电视台宣传网购方式。这些活动的开展，让被隔离的阿里人再次感受到阿里良好的口碑与品牌形象，让员工更愿意去相信团队的愿景与价值观。

管理者还要懂得为阶段性的胜利庆功。虽然车灯只照 200 米，但到了 200 米的地方又可以看到下一个 200 米，当我们完成了一个阶段性的目标后，管理者要带领团队停下来庆祝这一阶段性的胜利，同时再一次让大家看向更远的地方。

一次次回顾，一次次庆祝，一次次看远方，团队的心力将被不断强化，慢慢从自信、信他，到相信"相信"的力量。管理者需要懂得庆祝，即使一些小事也要去庆祝。在庆祝的过程中，你的团队才会从胜利走向胜利，不断地提升心力。慢慢地，你会发现，这种"相信"将会成为团队的基因和信仰。稻盛和夫曾经说过："只有你相信了，你才能突破障碍。"

在 2003 年，阿里全体被隔离的第一天，阿里通过网上办公，创下阿里巴巴中文网的买卖商机最高纪录，达到了 12500 条。阿里在当天晚上召开线上会议时，便进行了线上的庆祝。第一天的首次大捷，让团队成员充满了干劲儿，将更多的精力投入接下来的工作中。

虽然我没能参与非典战"疫"，但依旧受到了非典战"疫"精神的影响。例如，我会经常把我的感谢及客户对我们的反馈，或以邮件的方式，或以信息的方式发给团队成员看，让他们相信。这也是阿里在非典战"疫"中的经验在如今情形中的应用。

从自信到信他，再到相信，这就是管理者让员工相信"相信"的力量的路径。当然，要走完整个路径，能够让一群人相信一个梦想，这是很难的，所以其中的关键不是只靠说，关键还要去做，这就涉及术的层面问题了。做好管理，道和术同样重要，阿里认为：

有道无术，术尚可求也；有术无道，止于术。

"一燕不成春，一木不成林"，阿里非典战"疫"的胜利，不是依靠一个人，而是依靠整个团队。凝聚了人，形成了"一颗心"，才有机会做好事情，管理者才有可能带领团队去迎接更多的胜利。

想一想 / 作为管理者，通过本次疫情，你学习到了什么？平时的资金储备够吗？货源和原材料储备够吗？公司内部应急预案做得够实用吗？公司还需要改进什么？

PART 2

第 2 章

激发团队状态，达成目标

　　阿里有句话说得好："打不死的是信念，绕不开的是变化。"危机也是变化的一种。危机下，阿里人始终坚持着信念，通过激发团队状态，制定目标、调整目标、抓目标，最终达成目标。这对其他面临危机的企业有重要的参考与借鉴价值。

2.1 我在阿里的三个重要收获

时光瞬息如流电，我在阿里总感觉时光过得很快，不知不觉间便过了一载又一载。这并非是因为我在得过且过，而是因为我一直在奋斗，忘却了时间。在阿里奋斗的这段日子里，我经历了众多"大战"，并在这些经历中，获得了三个重要收获。

2.1.1 抓核心矛盾，说"why"的能力

阿里巴巴的管理者与其他管理者的区别在于说"why（为什么）"的能力。在阿里，管理者布置任务、设置共同目标时，会花费大量的时间向员工说"why"，即为什么做这件事情？做这件事的初心是什么？

换言之，说"why"也就是分析原因。管理者在说"why"之前，自己首先要明白，员工包括自己究竟为何而战？回答了这个问题，便找到了需要解决的核心矛盾。

针对这一问题，马云曾经在一次讲话中指出，在企业里，员工持续行动有三大动因：一是为财务而战；二是为荣誉而战；三是为精神而战。

为财务而战就是获得工资收入，这个很好理解，也很好跟员工讲清楚；为荣誉而战就是员工找到归属感；为精神而战就是员工愿意为公司付出、奉献。在抓住核心矛盾后，管理者就可以开始说

"why" 了。

我在阿里带团队，说 "why" 时都会问员工三个问题：

为什么是这个目标?

为什么是我们团队?

为什么我们能成功?

通过回答这三个问题，员工能明确自己的目标，在完成目标的过程中，找到归属感，继而达到最高境界——为精神而战。

即便我离开阿里，成立自己的公司后，我依旧会在实施项目时，向团队成员说 "why"。首先问："为什么这么做?" 随后问："初心是什么?" 最后问："这个项目要达到什么样的目标?" 只有清晰地回答出这些问题后，团队成员才会去工作，而非看见别人做就盲目跟风。

抓住核心矛盾，说 "why" 的能力便是我在阿里的第一大收获，这不仅提升了我分析问题、解决问题的能力，还提升了团队成员解决问题的效率，这也是如今管理者的必备能力之一。管理者在给员工布置任务、设立目标时，如果不说 "why"，会导致员工不知道为什么这么做，无法让员工长期坚持下去。

因此，我们一定要把 "why" 讲清楚。管理者可以根据 "黄金圈法则"（见图 2 - 1），提升自己说 "why" 的能力。

在传统的思考模式中，管理者在面对一件事情时，都会从 "what（做什么）" 开始思考，这是大众模式。在非凡模式中，管理者会先思考 "why"，回答 "我为什么这么做?" 这个问题，然后再说 "how（如何做）"，最后再说 "what"。前者是从外向内的思考，后者是从内向外的思考。

说 "how" 是讲如何做。这个步骤，不需要重点展开，但一定要围绕核心策略和抓手进行对焦和聚焦。讲完后的落地检核抓手需

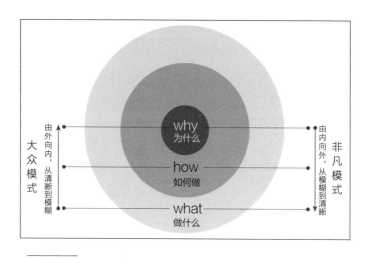

图2-1 黄金圈法则

要同步配图。再好的策略不落地，或者刚落地就质疑策略本身，都是不可取的。我在说"how"时，都会问团队成员以下几个问题。

如何完成目标？

之前我们是怎样成功的？

你有哪些好的方法和建议？

通过说"how"，让整个团队的成员知其然也知其所以然，进而让团队形成合力，做到力出一孔，向共同目标前进。

说"what"就是回答"为了实现目标，我们应该做什么"的问题，这关系到管理者策略的向下传达与资源的合理匹配。

在阿里工作的日子里，锻炼了我"由内而外"（即说 why - how - what）的思维，让我具备了说"why"的能力，明白了自己的初心，对成功有了清晰的认知。成功就是不忘初心，时刻围绕着最终目标，在做事情的过程中不断地回顾这些初心，这也是"黄金圈法则"的内涵。

由此可见，管理者可以通过由内而外的思考方式，提升自己抓住核心矛盾说"why"的能力。

管理是让工作有成效，是让员工有成就。作为管理者，我们还可以从工作、公司、团队的层面，以及员工成长的层面来说"why"，进而提升相应的能力。

2.1.2 终局思维：站在未来看现在的能力

"物有本末，事有终始。知所先后，则近道矣。"阿里一直秉持着以始为终的原则去修"道"，即在公司的战略布局始终以终为始。

马云一直在向阿里人强调要具备"三观"，即未来观、全局观和全球观，尤其是未来观，因为这能够让人站在未来看现在。如此一来，阿里人才会知道未来去向哪里，了解我们的终局是什么。"站在未来看现在"在阿里被称为终局思维。

获得并培养了自身的终局思维，能够以更长远的眼光看待团队中的问题并加以解决，这是我在阿里获得的第二大收获。

企业的管理者一定要站在未来的角度制定自己的战略，这样才能明确具体的发展方向，才能明白如今需要做什么。例如，马云一直在思考"10 年后电子商务会成为什么样，互联网会成什么样，云计算会成什么样，今天我们该怎么去做"等问题，从未决定当下阶段的发展策略。这种思维方式，是马云带领阿里赢得一次又一次胜利的关键。

以上便是阿里秉持以始为终的原则来思考的效用所在。由此可见，终局思维对管理者的重要性不言而喻。那么，管理者应该怎样培养自身的终局思维，做到站在未来看现在呢？

首先，管理者可以从企业的角度出发，进行以始为终的思考。用愿景驱动战略，企业愿景是以始为终进行思考的主要内容，包括思考"企业未来的去向是哪里，企业如何制定战略"等问题。

大多数管理者在面对未来时，都会思考"我们的企业今天有什么，我们团队需要干什么"等问题，这些都是站在现在去思考现在的表现。可阿里、华为、亚马逊等知名企业却不行此道，它们都是站在未来的角度思考企业的发展，如思考"企业未来将会成为什么样子，为了未来，各个团队今天需要干什么"等问题。这也是阿里、华为等企业能够获得如今的成就的原因之一。

由此可见，在企业层面，管理者要理解结果背后的结果，制定更加合适的策略，就要从源头出发来思考。在这方面，阿里有一张核心图，叫"天地人大图"（见图 2 - 2）。

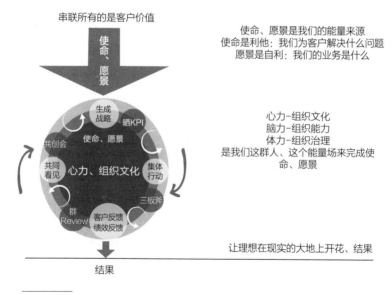

图 2 - 2   阿里巴巴"天地人大图"

在这张图里，业务是核心，公司的使命、愿景、文化都是从这里开始的。业务的根本落脚点是客户价值，所有这些都衍生于客户价值。因此，串联所有一切的是客户价值，一切的源头是从客户开始的。这些反映在企业文化上，如阿里价值观的第一条是客户第一，华为价值观的第一条是以客户为中心，还有很多公司都是如此。

因此，我们可以把企业想要获得的最终结果作为思考的起点，寻找达成这一结果需要挖掘的客户价值，从而在这一客户价值的基础上，制定出可行的战略。这便是管理者从企业的层面出发，培养自身终局思维的有效方式。

其次，管理者还可以从个人发展的层面出发，来培养自身的终局思维。

2019 年年初，我给自己制定的目标是在这一年中获得 3 倍速度的成长。没想到的是，我通过努力在年中时便获得了超过 3 倍速度的成长。如果我以 2019 年年初的能力标准规划目标，实质上是对自己的限制。因此，站在未来看现在，我们需要先思考"我在三年五年之后要成为什么样的人"，随后再去思考具体的实施计划。

我的经历正好与阿里的一句土话相呼应——"今天能够定义清楚的东西都不是未来"。未来靠想象，但有时更是一种理想。例如，1999 年的阿里虽然知道互联网、电子商务会获得发展，但是阿里可能没想到其发展势头如此迅猛，更没有想到自己可以在这个发展过程中做出巨大的贡献。如果马云当年只根据现状制定策略，没有将目光放长远，又怎能让阿里成长得如此迅速呢？

因此，管理者如果用现在的能力规划未来、做出决策，或者是用员工现在的能力水平去评估未来，是对自己、对员工不负责任的表现。一个人今天的能力虽然有限，但还会随着今后的成长而变化。我们需要站在未来看现在，一定不能因为现在有什么而决定未来做什么。

简言之，管理者要先思考"在未来我要成为什么样的人，在未来这位员工可以成为怎样的人",然后再决定今天该做的事情。正如网络上流传的一句话所说:"未来越难以定义,我们越要拼命追逐,怕什么真理无穷,进一寸总有进一寸的欢喜。"

许多阿里人都是这样思考的,例如孙大圣(花名)。他当时是阿里"村淘"的负责人,需要向马云上报"村淘"的组织方案。最开始,他想将"村淘"覆盖全国 1000 个县的农村,计算得出该项目需要 8000 人,结果这一方案被马云驳回。孙大圣"左砍右砍",计算得出需要 5000 人才能完成该项目,结果方案被马云再次驳回,马云认为项目需要 500~800 人即可。最后,孙大圣组织了1000 人左右,开始布局全国的"村淘"。

孙大圣最终没有根据现状制定组织方案,而是根据未来需要的人数制定方案,这是阿里非常典型的以终为始思考的案例。站在未来看现在,以终为始,其思考的逻辑就是相信。不是因为看见所以相信,而是因为相信所以看见。因此,管理者要让自己和员工都去相信自己、相信团队、相信伙伴。

2.1.3　目标感:目标必达、使命必达的能力

阿里中供铁军每个月的业绩都会被清零,每个月都要制定月目标,平常月份的目标跳一跳便够得着。可在每个季度的最后一个月,员工需要达成的目标是平时的两倍甚至三倍,这是阿里培养员工的目标感和结果思维的方法。我也是在不断"定目标—达成目标—清除业绩"的循环中,提升了自己的目标感,这是我在阿里的第三大收获。

在阿里,人人都明白职场没有眼泪,只有结果,这样的思想,让阿里人的工作以结果为导向。作为阿里人,如果没有结果,就算是加班到晚上 10 点、11 点,甚至一个晚上不睡都没用。

目标是一切行动的原动力。很多人都会制定目标，有一部分人能够实现目标，但还有一部分人常常不能实现，这是因为他们对目标的期望强度不同。一个人对目标的期望强度越大，压力就越大，成功的概率也就越大，对此阿里总结为：极度渴望成功，愿付非凡代价。

作为管理者，你的目标期望强度决定了团队的目标是否能实现，以及实现的效率。因此，管理者首先要让自身的目标期望强度提升，形成极强的目标感与结果思维。

其次，管理者要帮助团队成员，形成清晰的、极强的目标感，要让团队的目标成为每一个成员发自内心想要的、具备自我驱动力、源动力的目标，这是作为一个管理者必须修炼的课题。

个体或团队没有结果，是因为目标不清晰和目标不坚定。在团队中不注重结果的人，通常缺乏目标感，难以让现实发生实质性的改变。如果管理者都不能以结果为导向，带来的负面效应将会被加倍放大。制定目标不仅对个人的发展极其重要，对企业、团队也是如此。

因此，作为管理者，更应该帮助员工制定合适的目标，然后让员工在达成目标的过程中，不断培养自身的目标感，最终能够做到目标必达、使命必达。

在本节的最后，我分享一段话与各位管理者共勉：有目标的人，在奔跑；没目标的人，在流浪，因为不知道要去哪里。有目标的人，在感恩；没目标的人，在抱怨，因为觉得大家都亏欠了自己。有目标的人，睡不着；没目标的人，睡不醒，因为不知起来去干什么。有目标的人，内心安宁；没目标的人，内心茫然，因为在大海里航行没有指南针。

2.2 如何定一个具体有效的目标

制定目标不仅是当下的年轻人需要关注的问题，也是管理者应该关注的重点。那么，管理者如何才能制定一个具体有效的目标呢？

2.2.1 目标设定的 SMART 原则

SMART 原则是管理者制定目标的有效工具，可以将梦想拉回现实。以下是 SMART 原则的具体内容（见图 2-3）。

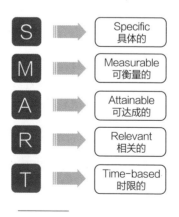

图 2-3 目标设定的 SMART 原则

例如，一家企业在号召全员健康跑步时，可以根据 SMART 原则制定目标：每天下午 5:30，全员在某街道跑步 20 分钟，在一个月内达到三分钟跑完 800 米的目标。这样的目标是清晰具体的，可以让人一目了然。而不可量化的目标，充其量不过是一个想法。

管理者在根据 SMART 原则制定目标时，需要始终遵守"团队目标必须是每个员工目标的总和"的原则。这是阿里高管俞朝翎提出的观点，对于管理者制定目标非常有效。

在许多企业中，管理者制定目标都是由下而上，层层递进的。例如，基层管理者根据团队的能力，制定出季度业绩目标为 50 万元；中级管理者可能会将任务加到 55 万元，以此类推，团队的目标到了最高管理者手中就变成了不可完成的任务。真正有效的目标应该是员工自己制定的目标的总和，而不是经过管理者层层加码的。

管理者在用由下而上的方式制定团队目标的过程中，员工制定的目标对团队目标的影响很大。因此，管理者要帮助员工制定符合 SMART 原则的、有效的目标。

例如，在阿里，我在制定团队目标前，会帮助团队成员盘点客户，从而让员工制定出有效的目标。客户盘点主要分为老客户与新客户盘点，盘点方法也存在差异。

一、新客户的盘点

管理者帮助员工盘点新客户，主要运用"蜘蛛爬行式"盘点方式（见图 2 – 4）。

在盘点新客户时，我会先让员工将自己所有的客户列出来，逐一盘点。管理者根据预估的签单时间、是否有外贸团队、是否有 KP（关键人）、是否有产品这四个条件，可以将新客户分为 A、B、C、D 四大类。

这种"蜘蛛爬行式"的盘点方式就是对所有的存量客户进行盘点，这可以让员工知晓自己在下个月内有机会拿到的所有业绩订单

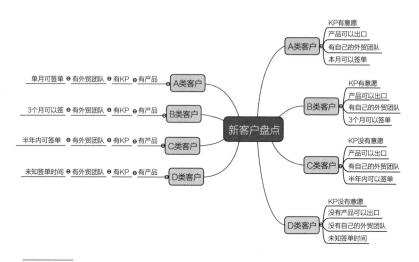

图 2-4 "蜘蛛爬行式"盘点方式

数量,即 A 类客户的数量。在此基础上,员工制定的目标是满足
SMART 法则的,算得上是具体的、可达成的有效目标。

当然,管理者还需要对员工的能力进行把控。如果一个员工的
业务能力不强,那么他很有可能无法完成所有 A 类客户的签单;如
果一个员工的业务能力高超,那么他有可能在与全部 A 类客户签单
的同时,还与部分 B 类客户签单。

因此,我们需要根据员工本身的能力,结合他自己制定的有效
目标,对员工的目标进行调整,然后再将员工的目标汇聚成团队
目标。

例如我在阿里时,一个员工在经过客户盘点后,制定的目标是
完成 80 万元业绩,我会降到 50 万元。这 50 万元是我通过盘点后,
结合员工的能力,制定的让他能够实现的目标。这一目标是基础目
标,是员工必须达成的目标。

二、老客户的盘点

除了盘点新客户，管理者还需要帮助员工对老客户进行盘点。当员工对老客户进行盘点时，只能看见一个维度，而管理者可以帮助员工从多个维度进行盘点。这是我在阿里时，帮助某个员工盘点老客户时用的表单（见表 2-1）。

表 2-1　阿里客户盘点表

客户盘点表											
客户经理	当月到期客户	3个月内到期客户	6个月内到期客户	全球宝	全球宝+VAS	出口通	出口通+VAS	P4P客户	新增VAS	断约回签	确定不续签客户
×××	3个	9个	38个	5个	3个	46个	10个	15个	3个	0个	2个

该员工当月到期的客户有 3 个，3 个月内到期的客户有 9 个，6 个月内到期的客户有 38 个。我主要盘点的是该员工 6 个月到期的客户，因为在阿里，老客户在 6 个月内可以续签。

在盘点老客户时，我不仅会盘点 6 个月内的所有能拿到订单的客户，还会盘点全球宝、出口通等可以转化的客户量。随后将多个维度的客户量汇总，并制定出有效的客户签单目标。

总而言之，管理者需要综合考虑各个因素，帮助员工进行整体的客户盘点，做好过程盘点，制定出可衡量、可达成的目标，进而制定出符合 SMART 原则的有效团队目标，带领团队获得更好的成长。

2.2.2　以员工新高或者标杆新高来定目标

有效的目标必定是能够帮助团队实现自我突破的目标。例如，阿里在制定目标时，有一句话非常重要："今天的最好表现是我们明天的最低要求。"这句话是每一个阿里人都清楚的，能让每一个人不断地突破目标，最终形成"冠军心"。

因此，管理者帮助员工制定的目标，必须是员工需要跳一跳才能够得着的目标。制定的目标不能没有任何挑战，必须稍微超出员工的能力，这样在完成目标的时候，员工才能得到成长。

以我在阿里工作的经验来看，需要跳一跳才能够得着的目标可以根据员工新高或者标杆新高来制定。当一个员工能够轻松地实现基础目标时，便可以根据他的基础目标，稍微提升一下目标值。

例如，曾经我带的团队中有一个员工最初的月目标是 20 万元，在完成这一目标的过程中他的业务能力也在不断提升。于是，他的下月目标便是 25 万元。每完成一个目标便稍微向上提升一下他的目标值，就这样，他在完成一个又一个目标的过程中，便获得了成倍的成长。后来，这位员工成为我们团队的销售冠军。

这就是根据员工的新高来制定目标。其他管理者在使用这一目标制定方法时，要注意循序渐进，制定的目标不能超越员工现有能力的极限。

除了根据员工新高来制定目标，管理者还可以根据标杆新高来制定目标。在阿里，每个团队中都有"明星"员工，是其他员工的标杆，我也经常根据"明星"员工新高来制定目标。

当时，我的团队中有一位"明星"员工业绩达到了 30 万元，是当时团队的销售冠军。于是在月会上，我向团队其他员工说，如果在下个月有人在完成基础目标后，还能继续突破，达到 30 万元的业绩目标，我承诺会给予相应的奖励。于是，团队成员们在这一个月干劲儿十足，在月末时，基本上都超额完成任务。

后来，这位"明星"员工再次创下新高，我又将他的新高业绩设为其他员工的目标。在这样的环境中，我和团队成员们的业务能力得到了显著提升，我们的团队也成为阿里成长最快的团队之一。

值得注意的是，管理者在根据标杆新高来帮助员工制定目标时，要遵循定目标的逻辑，即没有月目标就没有周目标，没有周目标就没有日目标。作为管理者，我们一定要定好月目标，然后将月目标落实在周目标、日目标上。如此，才能让员工对自己的目标更为明确，形成一种目标感，最终完成目标。

除此之外，管理者还可以采用自上而下的方法制定出员工跳一跳才能够着的目标，即将团队大目标分解到每一个员工身上，让千斤重担人人挑，人人肩上有指标，让员工共同奋斗。

比如，我的团队一个月要做 100 万元的业绩，存量有 50 万元，另外 50 万元怎么完成？完成这 50 万元要根据员工的业务水平综合考虑，包括员工每天的客户接待量、订单的转化率、需要拜访的客户量与沟通电话量等。然后将目标划分给每一个员工，即每人每天的保底业绩是 3000 元左右。

比尔·盖茨曾说："要站在行业的最高处来思考企业的发展。"这句话应用到目标制定的层面同样有效。管理者应该站在高处，从员工的实际出发，制定出新目标。如此，员工的目标才是有效目标，最终汇集成的团队目标才是符合企业、团队发展趋势的目标。

当然，管理者在帮助员工制定目标时，如果目标制定得太高，超出了员工自身能力的边界，就很容易让员工产生挫败感，降低他们的工作热情。

2.2.3 "拍脑门定目标"：两倍增长、三倍增长

在谈及目标感时，我们了解到阿里中供铁军日常的目标是基础

目标,是跳一跳便够得着的目标可在每个季度的最后的一个月,如3月、6月、9月、12月,制定的目标则是日常目标的两倍以上,甚至三倍以上。

阿里将这种目标的制定方法称为"拍脑门定目标",其背后不是管理者理性化的思考,而是梦想化的思考,因此我将这一目标称为"dream"目标。以下是"拍脑门定目标"的具体内容。

一、明确"dream"目标是什么

管理者在帮助员工制定"dream"目标时,需要思考"什么样的目标可以让员工亢奋,可以让员工全力以赴"的问题。

华为的终极目标是:"把数字世界带入每个人、每个家庭、每个组织,构建万物互联的智能世界。"认同这一目标的员工都深信,他们的工作都将为改变世界贡献一分力量。在世界面前,每个人都十分渺小。可这时有人说,只要你跟着我努力,就能创建世界新秩序,你怎么可能不会为这样的梦想而感到热血沸腾?又怎么不会为这样的事业而艰苦奋斗?

由此可见,员工认同的且符合员工价值观、顺应员工梦想的目标便是能让员工亢奋的、愿意为之拼尽全力的目标,这就是"dream"目标。

二、了解员工自己制定的"dream"目标

小丽是我曾经带过的团队中的一员,接下来我将以她为例来阐述"dream"目标的制定方法。一般而言,我会先从员工的职业规划入手,了解员工自己制定的"dream"目标。

当时,小丽刚来我们团队,我直接问她:"你未来三年的规划和目标是什么?"

小丽清晰地告诉我:"我三年内想成为 HRD(人力资源总

监）。"这是一个很清晰的回答，可这并不意味着她适合这条路。

三、判断员工自定 "dream" 目标

管理者需要根据细节去判断员工自己制定的 "dream" 目标是否具备可行性，是否能让员工一直坚持下去。

于是，我接着问她："你最近在读什么书？最近在看什么微信公众号？参加了什么沙龙？"

想要成为 HRD 的小丽最近读的书除了小说就是散文，平时关注的微信公众号根本就与人力资源没有任何关系，甚至连说出几个知名的人力资源方面的人物、网站、资讯、趋势都说不上来，那么，她刚才说的 "三年内成为 HRD" 是发自内心的吗？

可以换位思考一下，如果我们自己三年的职业规划是在管理领域成为专家，那么现在我们肯定要阅读这方面的书籍、文章等。

因此，管理者要用细节去验证员工的 "dream" 目标，这是对员工负责任的体现。

四、帮助员工调整 "dream" 目标，并制定策略

在与小丽多次沟通后，我发现小丽其实对人力资源不感兴趣，换言之，她可能无法为自己提出 "dream" 目标而长期奋斗。

在经过一段时间的观察后，我发现小丽的亲和力很强，在极短时间内便与团队中的其他成员打成一片，并且在待人处事方面的能力很强。于是，我在与小丽沟通后，将她调入销售部门，仅仅一个月后她便取得了较好的业绩。

在开完月会后，我找小丽沟通，告诉她在销售这条路上，会比在人力资源这条路上走得更远。小丽做了一个月的销售工作，也十分认同我的说法，想要继续留在销售部门，最终她成为阿里 "百万荣耀" 的一员。我根据她的目标，提出了一些可行性的建议。

五、培养员工的冠军心

阿里有句话说："今天没有做第一的心，就一定没有做第一的命!"梦想与目标是驱动力，管理者首先需要让团队有一颗成为冠军的心，一定要让团队中的每一个人拥有梦想。

马云难道注定就能成功吗？在阿里创建之初，马云就提出了要让阿里再"活"80年、将阿里做成全球前十的梦想，在为这个梦想努力的过程中，马云也走过不少弯路，但他始终坚信"因为理想，所以看见"的想法。

在2014年6月，阿里正式在纽约交易所挂牌，股票代码为BABA，成为美国史上融资规模最大的IPO（首次公开募股）。阿里能获得这样成就，起始点就是马云的梦想。管理者拥有梦想才会拥有方向。正如网络上流传的一句话："梦想还是要有的，万一实现了呢?"

"拍脑门定目标"不仅是对管理者思维理念的颠覆，也是对目标制定方法方面的颠覆。无论是基础目标、跳一跳才能够得着的目标，还是"dream"目标，管理者都可以先定下来，然后按以始为终的方式思考，包括思考达成目标的策略、可使用的资源、具体方法等。如果经过思考后，发现这一目标无法达成，再做调整。

"路是脚踏出来的，历史是人写出来的，人的每一步行动都在书写自己的历史。"一个具体有效的目标对员工的成长、团队的发展十分重要，可以让员工、团队去创造历史。

2.3 落实好日报， 修炼管理能力

自从海尔将"日事日毕，日清日高"的管理理念带入企业圈后，引得众多企业开始效仿，阿里也不例外，将这一理念与"日报"制度结合，打造成目标管理的基本抓手。

至此之后，日报成为日常管理中最基础的管理动作。许多企业纷纷制定"日报"制度，力求做到"日事日毕，日清日高"。可有许多企业的日报落地结果是，日报制度形同虚设。

特别是一些"90 后""00 后"员工认为工作日报只是管理者监管员工的工具，并且在大部分企业只是走形式，许多员工都是敷衍地写，而管理者也不会仔细去看日报的内容。但为什么阿里等企业依旧在实行日报制度，更有甚者还将其纳入绩效管理与考核之中呢？

我在阿里工作的时候，也有很多这种问题，甚至很多管理者经常这样问我："天天见面，有必要写日报吗？"

对此，我只能回答："日报抓不好，过程把控不了，最终影响目标达成。日报都抓不好，谈何目标管理呢？"

2.3.1 why：成长，从一份日报开始

管理者不仅自己需要明白日报的意义所在，还要跟员工说清楚

为何写日报，从而让日报成为事前管理的最好抓手。对待周报、月报也是如此，只不过周报、月报是事后抓手。

管理者要不断强调日报的重要性，从而让员工真正理解写日报的作用，明白日报不是写给别人的，而是扎扎实实地写给自己的。以下便是写日报的主要作用。

一、写日报对员工的作用

首先，员工在写日报的过程中，会慢慢形成工作轨迹，总结经验，沉淀方法论，从而实现自我提升。

同时，写日报还可以帮助员工查缺补漏，思考如何把工作做得更好。写日报的过程也是员工学会独立思考的过程，既能埋头苦干又会思考的员工才是"潜力型员工"。不写日报的员工，可能会在工作时毫无章法，没有目标也没有方向，这就是典型的"先射击后画靶"。

其次，员工可以将自己在工作中存在的问题写入日报中，让管理者能够及时看见并提供帮助。不写日报的员工，不仅工作效率低，还找不到方法，也没有管理者提供后援。员工的困难如果都装在自己的脑子里，管理者看不到，怎么帮呢？

最后，员工写日报可以让自己与团队中的成员互相看见，彼此赋能。例如，我在阿里带团队时，喜欢将日报互相共享，目的是让团队成员互相了解，了解别人工作的方式、方法，互相学习，互相赋能。

除了上述三个主要作用之外，日报还可以成为员工在关键时刻争取客户资源的依据。例如，有一次我和一个部门的同事同时跟进一个客户，双方各执一词，互不相让。"狭路相逢日报胜"，怎样证明客户是我先联系的呢？唯有日报。幸好我每次见完客户都写了日报，另一个同事一个字也没写。当然管理者就把客户业绩算到我这里了。

诚实地说，刚进入阿里时，被要求每天写日报，刚开始我也有些抵触情绪，认为天天工作都很忙，做的事大家都能看得见，有什么可写的。但写着写着，我就体会到这里面的好处了。每天把自己要做的所有事情，都在日报里列出来，下班前对自己所做的事情做个总结，我就知道自己哪些事情做了，哪些事情没做，哪些事情的最新进展是怎样的。

一年以后，我再回望这一年的成绩，这是充实的一年，我没有荒废。写日报的过程也是总结自己的经验教训的过程，对我的成长大有裨益。如今，虽然我已经离开阿里，也没有人再要求我每天写日报，但我还一直坚持着，并在这一过程中学到了许多。

不仅是我，有很多阿里人也一直坚持写日报，我认识一位阿里人，现在已经65岁了，是退休后被公司返聘的专家，写了将近40年的日报。

我曾经还对比过两家同类型的创业公司的情况，一家公司没有日报制度，另一家有这项制度。最开始，两家公司的团队业务能力基本持平。可经过三个月后，坚持写日报的那家公司的业务水平明显高于另一家。

由此可见，写日报是有用之功，对员工的成长发挥着重要作用。成长从一份日报开始，让员工做到"日事日毕、日清日高"。从今天开始，每天写好一份日报，坚持365天，你将收获成倍的成长。最初写日报的一天、两天可能毫无效果，但坚持一年、两年甚至更久之后，总能发现效果。

二、日报对管理者的作用

对管理者而言，日报是事前管理的最好抓手。员工八小时的工作内容，在日报中用寥寥数十字就可以概括。管理者既可以从中看出员工的工作进度和工作积极性，又能提升管理效率，及时给出指导建议。

"对于上司来说，最让人心焦的就是无法掌握各项工作的进度。"江口克彦的这句话说出了大多数管理者的心声。而日报是管理者了解团队氛围和状态的重要工具，避免了企业出现上下级之间信息不对称的情况。管理者还可以通过每个员工的日报，了解员工状态的好坏，特别是对于团队中的新人，他今天的状态是激情澎湃还是萎靡不振，管理者都可以通过日报一览无余。

这是我团队中的成员在 2019 年 11 月 29 日上交的日报（见图 2-5），我在 11 月 30 日晚上才审查。在这份日报中出现了两位新客户，那么该员工应该在 11 月 30 日的日报中写明这两位新客户的拜访记录，可在 11 月 30 日的客户拜访记录中只有一位新客户，这说明了该员工在客户拜访的过程中出现了问题。由此可见，日报确实能够反映出员工的问题。

发件人：王建和
收件人：从鹏
抄送：
主题 答复：11 29日报   发送时间：2012/11/29（周四）

明日计划上门客户名称	客户性质（新或老）	是否预约	拜访时间	拜访目的
天津泰山不锈钢制品有限公司	老	是	下午	铺垫广告
瓦斯特阀门	新	否	上午	新签
天津市中拓商贸有限公司	新	否	上午	新签

图 2-5 团队成员的日报

另外，日报还可以体现管理者的管理能力。例如，管理者可以通过日报发现员工在工作上出现的问题，及时反馈并提出改进建议，这也是管理者管理能力的一种体现。

我在阿里做一线管理时，与其他员工一样，我每天也要写日报，并将日报作为目标抓手。图 2-6 是我的团队成员发给我的日报，这其中暴露了一个管理问题。

图 2-6　团队成员发送的日报

在我的团队中有这样一项规定：所有人在晚上 10 点前要把日报发到工作群里，可有一天，有一位伙伴在晚上 11 点 15 分才把日报发到群里。这是许多管理者都会遇到的管理现象。

有些管理者觉得员工可能因为种种原因迟发了日报，但最终也上交了，于是便默许这种行为了，更没有做出任何管理动作。其实这样的处理方式会带来严重后果，如果管理者一直无动于衷，没有作为，那么这个员工在下次就一定敢在更晚的时间上交日报。

长此以往，这个员工也许就不再发日报了，进而影响更多人加入不交日报的队伍中，日报制度在企业中将形同虚设。

为了避免出现上述情况，我直接在团队中规定：从今天开始，无特殊情况，晚上 9 点之前录完拜访记录，发完日报，超时按团队内日报未发规定处理。至此之后，很少有员工不按时上交日报的。

在这一案例中，"员工晚上 10 点上交日报"相当于是我的管理底线，该员工晚上 11 点 15 分上交日报无异于在我的管理底线上踩了一脚，这是管理能力缺失的一种表现。后来，我增加了日报上交规定，这保障了我的管理能力与在团队中的威信力。

一份日报可以反映出很多问题，但这些基本上都是管理者的问题。因为管理者的执行力就是团队成员的执行力，管理者执行力不好，团队执行力一定不好。日报中反映出来的问题在本质上就是管理者的问题。因此，管理者可以通过员工的日报，发现自己存在的管理缺陷，不断提升自己的管理能力。

除此之外，管理者还可以将日报视为一个数据采集点，汇总一个岗位一段时间的数据，就能通过数据及时调整工作计划和企业发展战略，促进企业长期良性发展。

总而言之，一份日报，可以成为员工升职加薪的筹码；一份日报，可以成为管理者的抓手。所以，员工要用心写日报，管理者要用心研究日报。

2.3.2 what：日报写什么

一、日报的写作模板

每个企业都有自己的日报写作形式，可万变不离其宗，不论形式如何，员工都可以通过以下六个方面写日报（见图 2-7）。

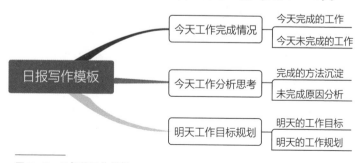

图 2-7　日报的写作模板

我在阿里工作时，也是根据这一模板来写日报的。接下来，我将会与大家分享写日报的具体方法。

1. 今天完成的工作怎么写

首先，需要列出所有完成的事项及完成的证据，然后说明各事项的完成度，最后写明完成各事项花费的时间。

完成度能够让管理者更直观地看到员工的工作量；时间花费能够直观展示员工在这份工作或工作事项上投入了多少时间。有一些岗位的工作内容是碎片化的，比如行政岗，很难界定一项工作的完成度是多少，但是通过时间分配的展示，管理者可以很清晰地知道员工的时间分配比例，以及任务的侧重点。图 2 – 8 是我在 2019 年9 月 10 日写的一份日报，供大家参考。

2. 今天未完成的工作怎么写

梳理未完成的工作是员工对工作完成的查缺补漏。员工需要先把一天的工作梳理出来，然后将完成的事项划掉，剩下的就是员工未完成的工作事项。这些未完成事项相当于一个总结，方便员工了解明天需要做哪些事情。

3. 完成的方法沉淀怎么写

在完成这一工作的过程中，有什么收获，有什么方法是员工以后可以直接使用的，将其梳理出来。

4. 未完成原因分析怎么写

未完成原因分析其实就是员工需要给出这些未完成事项的解决方案。员工要想列出解决方案，就需要分析问题、拆解问题、发散问题、验证问题、解决问题，这是一个连贯性的思考过程。在这一过程中，员工需要充分分析他遇到的问题，然后进行拆解。在拆解的过程中，可以多发散地想一些其他相关问题，然后在明天工作的

王建和的工作日报

2019-09-10 23:51

今天工作要解决的问题，请努力实现才有价值

客户洽谈

课程录制

找到合作

栏目共创

明日工作要解决什么问题，今天下班前请想好

课程梳理

课程录制

今日收获分享

一、关于早会的探讨和思考

1.早会的发言，一定是有准备、有思考的发言。一天的规划安排一定要提前思考，凡事不预则废(早会开始发言后不准看手机，不准做其他与早会分享无关的事情，关注分享人的分享)。在工作中，纪律很重要，因为无组织、无纪律会造成工作没有结果。

2.环节一定要落实到底，把事情做透，一米宽、一百米深、一千米深、一万米深，一把钢尺量到底。(例如周目标，是可用数据量化的目标，确保清晰)把标准动作做到位，一拳是一拳，一脚是一脚，打实、打牢!这应该算是种工匠精神。

3.早会，负责人一定要清楚早会如何开，并且教会每一个人把环节落实到底(我做你看，我说你听，你做我看，你说我听)。在开早会的过程中对每一个环节的落实到底负责，进行犀利、直接的点评。负责人不作为是最大的毒瘤，一团和气，一盘散沙，打不了胜仗，做不成事。我们的组织一定要做到公开、透明、开放。

4.基本管理动作的成功，在于负责人对于结果的重视与负责。清楚任何一个动作所有得到的结果，以终为始、优化、迭代流程及方法论。

5.当事情价值清晰时，一定是因为真正做好了，并且真正掌握才可以取消。一定不是因为做不好而取消。知道价值，因为没有掌握，所以更要坚持，直到会做。

6.关注结果反馈，如果对结果反馈没有关注的话，那任何事情都将在过程中流于形式(例如，婷婷的笔记记录，开始时写得认真、详细，现在慢慢地没有记录了，在没有评价与反馈中被同化了)。很好的建议形式，大家轮流点评。

管理者的基本动作，是知行合一的修炼!

二、项目不是为了做而做，要清晰定位，小步快跑，迭代试错

三、给客户的建议一定要务实，需求是在客户摸爬滚打中沉淀的

价值产品，体系化运营，完成客户数5000!

图 2-8　王建和的日报

时候去验证。

员工思考得越多，他未来可以选择的方向、解决问题的思路就会越多。比如我的日报中，不仅仅写了方案，还加入了自己的一些思考。

5. 明天的工作目标和明天的工作规划怎么写

在写这一部分内容时，员工需要好好筛选一下，不是每一件事都需要写进去。明天的工作目标和明天的工作规划应该写出明天所

完成的目标、任务和应达到要求。写任务和要求时应该具体明确，有的还要定出数量、质量和时间要求。

6. 情感、思考、观点该怎么写

有自己的情感、思考和观点的日报，才是能够发挥作用、见证自己成长的日报。在工作中，我们不仅要解决工作中做事的问题，还要解决人际交往中的问题。上述五点内容主要解决做事的问题，这部分内容主要是解决做人的问题。很多管理者最想看的是做事的问题，其次才是做人的问题，因此我建议把这部分内容放到最后。那么这部分内容要怎么写呢？

情感就是你对今天工作过程中产生的情感效应，比如在完成某一事项时，一位同事热情地帮助了你，那么你可以在日报里表达对他的感谢。

思考就是你对今天工作过程中产生的思考，比如在完成某一事项后，你发现用另一种方法完成效率会更高。

写观点可以根据自己在工作过程中的收获确定，然后进行表述，要有论据，即摆事实，讲道理。要运用论证方法，包括比喻论证、举例论证、对比论证、引证法等。

二、日报的写作细节

首先，在写日报时，要有据可依，并做到可视化。能用表格说明问题的，就不用文字；能用图说明问题的，就不用表格。可视化呈现工作成果的重要性不用多说。

其次，需要深挖工作中出现问题的原因，对问题进行多重分析，并提供初步的解决方案。

假设你是一个新媒体运营者，你今天发布的文章打开率是5%，相比昨天下降了2%。那么数据下降的原因是什么，是不是需要分析一下？在做原因分析时要深挖，比如是不是文章标题取得不好，还是头图设计得不好等。你可以把这些原因都列出来，这样你明天才会知道如何做才能把文章的打开数据提升。

最后，在日报上呈现出的内容要积极主动。只写"可以做，应该做"，不写"不可以做，做不到"。如果你在日报里写出不可以做什么，做不到什么，不但会打击你自己的信心，也会让管理者认为你的能力不行。管理者希望看到的是"可以做，应该做"，然后把事情交给你做，你可以做好。即使有的事情你做不到，也不要直接说明，可以采用委婉的方式表达。

例如，最近我团队里有一位员工在帮我制作课程，我给他规定了交付日期，他总是拖延，无法按期交付。在日报中，我先列出这位员工的所有优点，肯定了他的工作态度，最后再委婉表明他非常忙，课程总是要多花一些时间去磨合。这样的表达可以让他立刻意识到自己的问题。

在写日报时，需要想一想到底该怎样表达才能更好地向别人（包括管理者、同事）传达自己的想法，这样做会提升日报的效用。

2.3.3　管理者"抓"日报的四大保障

管理者在"抓"日报的过程中要将制度保障、角色保障、结果保障、激励保障做到位。

首先，管理者要确立明确的日报制度，包括日报的形式、内容、上交时间以及日报的奖惩措施等。如此一来，管理者才能保证日报在企业中能够长久实行下去。

其次，管理者要明确日报的负责人，使其责任清晰。例如，谁负责收发日报，谁负责进行日报反馈等。

再次，管理者要及时对日报进行反馈，并将写得好的日报挑选出来做标杆，让更多的员工学习其优秀之处。

最后，管理者还要确立正向激励措施，当员工的日报有闪光点时，要及时表扬，从而让员工将日报写得更好，同时还能提升员工的信心。

华为创始人任正非曾说："读万卷书，行万里路，与万人谈。做一件事儿，我们看再多的书，也不如在做这件事的过程中学习。"在事上磨能得到最好的成长。写日报也是如此，不管是对员工而言，还是对管理者而言，这都是一个在事上磨的过程。

2.4 早会：激发状态，充满活力

俗话说："一年之计在于春，一日之计在于晨。"早会作为一天工作的开始，自然发挥着重要的作用。阿里一直十分重视早会，其诚信通铁军的早会"早启动"一般是由员工轮流主持，分为四个部分。

第一个部分是通过小游戏，使员工活跃起来，激发出一天的工作热情；第二个部分是由管理者通知企业的重大事情，包括企业战略方向的调整、人事变动及新产品设计与研发等内容；第三个部分是管理者或者主持人宣讲目标，使每个员工都明确企业、团队的目标节点与任务量。在这一过程中，员工们可以讨论，提出自己的建议与想法，管理者会考虑是否做出相应的调整；第四个部分是员工根据企业、团体目标设定自己当天的工作目标，包括当日的签单量、访问顾客的数量、签约的金额，以及达成目标需要采用的方法等。

根据阿里诚信通铁军的早会内容，我们可以获得将早会落到实处的方法，即"动一动"和"聊一聊"。

2.4.1 动一动：让团队成员相互看见，彼此赋能

牵牛要牵鼻子，做事要抓重点。管理者开好早会的方法有很

多，但其中最重要、最关键的一种，就是"动一动"。

我在为一个企业做管理培训时，曾经做过这样一个测试。我让这个企业的 30 多名管理者进行早会分享。分享结束之后，我问大家："你们想通过早会达到什么目的?" 30 多名管理者无一例外地都提到了一点，这也是早会的核心目的——激发员工的工作状态，让员工迅速调整状态，从而快速地投入工作。

而在早上激发员工状态最好的方式就是"动一动"。说到"动一动"，大多数人可能会想到在很多传统公司当中，"动一动"的两种形式：第一种是"喊口号"，比如"加油""我们是最棒的"等；第二种是"做早操"，比如，一些美容美发店和地产公司，每天早晨都会组织员工在店门口活动身体、舒展筋骨。

如果单纯从提升员工工作状态的角度来说，这些"动一动"的形式确实具有一定效果，但在我看来，提升状态只是早会最基础的作用，而提升员工的价值感则是早会的另一种重要作用。

有一次，我与一位管理者约定第二天上午 7 点在对方的公司签合同。我当时觉得很奇怪，这位管理者早上 9 点才上班，为何要这么早去公司。带着疑问，我在第二天上午准时到达该公司，发现这位管理者正带着员工升国旗、唱国歌，员工们的状态都显得奋发昂扬。这个场面让我始终无法忘怀。

签完合同后，我与这位管理者聊到了升国旗一事上，他说："升国旗是早会内容的一部分，我想让我们的员工都能感知到我们工作的价值，我们对于中国外贸事业的价值。"一个做外贸的小型公司每天早上都举行升国旗仪式，这是多么值得尊敬的事。早会就应该是这样，大家共同思考工作的价值，思考自身的价值，寻求价值突破，达成自我实现。

除此之外，早会还能让团队的成员相互看见，彼此赋能。在阿里，员工到达公司后第一时间进行的"动一动"，不管唱歌、跳舞也好，还是做游戏、喊口号也罢，目的是让彼此共同参与、共同完成一件有意思的事。

例如，我在阿里带团队时，我们每个月都会选择一支激情四射、活力十足的舞蹈，在每天早会时，整个团队一起学习这支舞蹈。学会舞蹈不是目的，大家一起完成学习的过程才是目的。在学会一支舞蹈后，我们会拍一个小视频，或者是在公司内部进行表演，寓教于乐，这对提高员工的状态和员工的活力非常有用。

当然在"动一动"环节中，管理者需要不断换"花样"，让员工保持新鲜感，这有利于激发员工的状态。比如我的团队在跳了几天舞之后，便开始改做体操了。

员工带着这种状态进入工作，能够始终处于相对亢奋的情绪中，这种情绪会对销售工作带来很大帮助，不仅能让员工工作变得积极，也会把这种积极性传递给客户，提升签单的概率。

表2-2是我在阿里带团队开早会时做的游戏和跳的舞蹈，供管理者参考。

表2-2　适合"动一动"的参考方式

动一动	
适合早会的游戏	适合早会的舞蹈
游戏标准：简单有趣，团队PK，无论输赢，都要快乐	舞蹈标准：简单为主，无论跳得如何，都要有阶段性成果输出
简单："猜数字""猜成语" 中等："你比我猜""贴膏药" 较难："比手速""两人三足"	简单：《向快乐出发》《海草舞》 中等：《梦想之城》《卡路里》 较难：《咋了爸爸》《策马奔腾》

在这个过程中，管理者要做的就是激发每一个员工的活力和激情，引导员工融入团队、提升状态。这就是我在上文所说的早会是

修炼管理者激情和活力的道场。

当然，我建议管理者用"动一动"的形式去激发团队的活力和激情，并不是让每个管理者都像阿里一样在开早会时唱歌、跳舞、做游戏等。不变的是目的，可以改变的是方法，不同的人有不同的情绪刺激方法，有的人可能会从安静的阅读中更容易获得力量。所以，你选择何种形式在早会上激发团队的活力和激情，让团队成员相互看见，彼此赋能，要根据你对团队成员的了解以及团队的实际情况来决定。

2.4.2 "早会三聊"：聊周目标、聊工作安排、聊自我突破

通过"动一动"让大家进入工作状态之后，接下来，早会也应该正式切入主题——"聊一聊"。如果把早会比喻成一顿米其林大餐，那么"动一动"就是前菜，"聊一聊"才是主菜。既然"聊一聊"如此重要，那么，聊什么呢？

如果只是聊一聊昨天干了什么，今天还要干什么，诸如此类简单的事实陈述，是达不到早会效果的。这也是我们上文提到的，早会容易流于形式，内容空洞，过于关注事情的表象，无法引起员工的深度思考。

再者说，日目标的达成需要管理者在早会明确目标、在晚会检查目标，以及通过日报总结三个环节。早会作为实行日目标闭环的起点动作，自然不可轻视（见图 2-9）。因此，能够激发员工激情与活力的早会，一定要以目标为中心，聊周目标、聊工作安排、聊自我突破。

一、"聊"本周制定的阶段目标

比如，我本周的阶段目标是拜访 40 家企业客户。

图 2-9　日目标闭环

　　"聊"本周制定的阶段目标对于员工来说，有两大意义：一是可以让员工把周目标分解到日规划，明确自己一天的工作目标和安排；二是员工"聊"本周制定的阶段目标的过程，也是让其他团队成员"照镜子"的过程。要知道，在一个团队当中，一定会有一些人能够将一天的目标和行程安排得井井有条，而有的人则差距明显，将两者进行对比，对于把事情安排妥当的员工是一种无形的赞赏，而对那些存在差距的员工也是一种正向激励，让他们能够找到自己的不足之处，有针对性地加以调整。

　　"聊"本周制定的阶段目标对于管理者来说，可以清楚地掌握整个团队的目标达成情况。所以，管理者要对员工"聊"的过程加以管控，帮助他们完善过程，拿到想要的结果。尤其是当你的团队成员目标不明确或者不合理时，你要及时帮助他们进行修正。

　　比如，在早会上，一个员工"聊"到他本周的阶段目标是将微信公众号用户提升至 6000 人，但却没有匹配目标达成策略。这时，你就需要针对该员工目标中的细节问题，帮助他制定更加细致、明确的计划，比如，提升的方法是什么，每天要提升多少等。

二、"聊"工作安排

在早会上要"聊"的第二点就是今天工作的具体安排和需要哪些协助与配合。比如，我今天要拜访几位客户，他们是谁，在什么时间、什么地点和客户会面，有什么需要团队配合的地方……

员工在"聊"今天工作的具体安排时，管理者需要注意的是，有的员工（特别是老员工）安于现状，你会发现他每天的工作安排都是同样的内容，比如每天拜访的都是老客户。遇到这样的情况，管理者要提醒他增加工作计划的内容，督促他走出"舒适区"，获得持续成长。

同时，当员工"聊"到工作中遇到的困难和需要协助配合的地方时，管理者或通过个人经验分享或通过集体讨论的形式，帮助员工找到解决问题的方法，或者选择相对有经验的同事帮助他。

三、"聊"价值思考和自我突破

在早会上要"聊"的第三点是价值思考和自我突破。

1. "聊"价值思考

我曾经听过这样一个故事：美国总统肯尼迪去 NASA 访问，在洗手间碰到了一名清洁工，总统微笑着说："谢谢您把地板拖得如此干净！"没有想到的是，清洁工却回答道："总统先生，我不是在拖地板，我是在帮助我们登月！"

这就是对工作价值的思考，只有认清工作的本质，思考工作的真正价值，才能更加热爱这份工作，才能有足够的动力来解决工作中遇到的各种困难，实现自我突破。管理者需要在"聊"的过程中，让员工感知到自我价值的存在，从而愿意以满腔热情去工作。

2. "聊"自我突破

早会是一个使大家在目标上达成共识的场景。管理者通过每一位员工的分享，让所有的成员相互看见彼此的成长，并为共同的目标努力。

首先，需要让团队成员都看到阶段性的成果，带领团队成员培养"点线面体"的全局思维，通过现在做的工作看到未来团队要去的方向，这些东西对于一个团队来说是非常重要的。

例如，在阿里时，我们开早会有一个"牛人分享"的环节，给昨天团队中拿到不错结果的 BD（商务拓展人员）一个舞台。"早启动"主持人或管理者需要提前一天与 BD 做好沟通，针对前一天拿到的结果做分享。BD 在早会时一定要做有准备有思考的发言。当员工在早会时才开始思考今天要完成的目标，这必然会使早会的效果大打折扣。

在这一环节中，阿里的新人、老人都可以进行分享，且每天都有不同的人分享。管理者在分享的过程中要善于发现每个人的亮点，在分享完毕后，对好的结果进行表扬，给予掌声；让员工真切感受到自己的成长和收获，同时总结出方法，供团队其他成员借鉴，并引导全员逐步进入工作状态。

在早会分享结束后，管理者需要结合员工的日报，结合员工之前的规划进行复盘，帮助员工找出工作中存在的问题，并提供具体可行的建议。

管理者通过分享与复盘"聊"自我突破，可以帮助员工发现自己的优势和劣势所在，在今后的工作中不断发挥自身的优势，消除自身的劣势，实现自我突破。

3. "聊"价值思考和自我突破的具体方法

接下来，我将以我团队中的事例来分享具体方法。

在我现在的团队里，新员工小李被安排到一个游学项目中。在这个项目中，他需要促成一个总裁班到阿里游学，这个项目具有一定的难度。首先，要组建一个总裁班本身就是一项难事；其次，还要让总裁班的学员都能够走进阿里参与游学，无疑是难上加难。这对于一个新员工来说，是一个很大的挑战。

所以，我要求小李在每天的早会上，围绕今日工作结果、价值意义、自我突破和今后工作安排进行分享。

工作结果就是他每天做了哪些事情，这些事情对于达成周目标、月目标有哪些价值和意义；在完成这些事情的过程中，他有了哪些突破；在今后的工作中，他是如何进行优化的等，这一系列问题都是他在早会上需要与我们一起"聊一聊"的。

要想把这些事"聊"清楚，他需要在早会前将这些问题罗列出来，思考清楚。起初，他只是简单地聊了聊这些问题，甚至"聊"得毫无逻辑。比如，在展开这个项目之前，他做了哪些市场调研，是否了解"游学"的前景、体系等。

我之所以这样要求他，目的是让他进行自省和反思。在对事情结果有了充分了解之后，还需要对完成的过程进行深度回顾。一项重大工作的完成过程，一般都不会一帆风顺。所以，这个回顾和思考的过程是非常重要的，只有频繁地进行思考，才能达到"日清日毕、日清日高"的效果。

说到这里，很多管理者会认为让员工在早会上去"聊"这几点的想法很好，但是员工的能力有限，员工是否能够真的思考清楚这些问题，是否不会让这些工作流于形式，这是很多管理者都在担忧的事情。

如果你问我，我的员工是否能够马上"聊"得清晰明了，我会告诉你，初期肯定是不行的。管理者想要通过早会聊天的方式，立竿见影地看到员工发生变化，是非常困难的。

所以，我们的目的并不是要让员工学会开早会，而是在长期的坚持中，让员工学会思考，改变员工的思维方式。尽管小李在第一天、第二天甚至第十天的时候，都不能完美地将所有的逻辑理顺、将工作做好。但是没有关系，这是一个持续不断的推进过程，在从结果、价值和突破层面展开的思考中，小李慢慢地发生变化。在这个过程中，我与他沟通，教会他做事的方法，并引导他向深层次思考。

最终，在第 30 天的时候，我欣喜地发现小李可以在早会中清晰地将所有的事情表述清楚，而且他的工作效率、工作技能也得到了很大的提升，真正做到了"日事日毕、日清日高"。

在日复一日的坚持中，员工的思维方式、工作方法、工作效率都有所改善。他们不再只是浅显地思考工作结果，而是从各个方面去思考问题，这也正是早会里"聊一聊"的真正价值所在。

在了解了具体方法后，管理者还需要将这些方法落到实处。在我的团队中，我会通过不断迭代与复盘来落实。管理者只有在迭代和复盘的过程中，才能把早会一步一步做好。除此之外，我还规定"早会开始发言后不准看手机，不准做其他与早会分享无关的事情"。因为，不管做任何事情纪律都是最重要的，无组织无纪律会让我们拿不到结果，使早会流于形式。

一米宽、百米深、一把钢尺量到底。即便面对危机，管理者在开早会时，也要将标准动作做到位，一拳是一拳，一脚是一脚，充分发挥早会的效用。

想一想 作为管理者，你曾经是怎样制定目标的呢？公司的日报和早会制度落到实处了吗？公司经常采用何种方法来激活团队、达成目标？阅读本章后你有什么新的想法？

PART 3

———

第 3 章

打造高绩效环境，培养人才

———

在打造高绩效环境、培养人才层面，阿里有三件法宝，即"辅导""培训"和"复盘"。通过这三件法宝，阿里打造了一支能力高超、团结一心的团队，即便面对危机时，也能第一时间上"前线"，带领团队共度危机。

3.1 四象限辅导原则：团队中有哪些人是需要被辅导的

马云曾说过："你刚来的时候可以抱怨你的手下是一群混蛋，但如果过了一年你还在抱怨，那么你才是一个真正的混蛋。"

管理者要积极地寻求、学习辅导员工的方法，这样才能成为一个有格局的管理者，才能打造出高效的环境，培养一支如阿里铁军一样的团队。

阿里的四象限辅导原则分为两个维度，即能力维度和意愿维度，将员工分为"高能高愿""高能低愿""低能低愿"以及"低能高愿"四类（见图3-1）。对不同类型的员工，阿里采用的辅导方式也存在差异，这是阿里得以度过种种危机的重要因素。

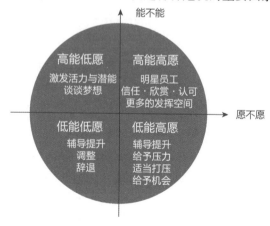

图3-1 阿里的四象限辅导原则

3.1.1　高能高愿

"高能高愿"型的员工就是工作能力强、工作意愿强的员工。在阿里，这类员工被称为"明星员工"。根据上文中提及的有关"271"的内容，管理者需要给予"明星员工"信任、欣赏、认可，并赋予一定的权利，将他们打造成为团队的榜样。同时，管理者还需要让这类员工知道自己"明星"的身份，帮助他们提升信心，让他们以更高的热情投入工作中，充分发挥榜样的作用。

管理者在辅导这类员工时，首先要明确他们需要什么。一般而言，"明星员工"希望能够快速成为管理者，因此管理者的辅导应该围绕"为他们构建成长空间"来展开。

在阿里有许多管理者都是由"明星员工"晋升而来的，这便是阿里辅导的功效。"明星员工"的专业知识与技能过硬，而且本身具备上进心，因此阿里认为在辅导时，要着重培养他们的管理能力。

我在阿里刚成为管理者时，完全不懂如何辅导员工，曾经也曾陷入"泥潭"中，阻碍了"明星员工"的成长。我本身就是"明星员工"出身，专业技能过硬。最初我带着"明星员工"尝试着管理团队，可"明星员工"还没说几句话，我心里就急得不行，觉得他完全找不到重点，无法指出普通员工存在的根本问题，这样继续下去将无法顺利解决问题。

于是我立马接过话，掌握了主动权，"明星员工"再也插不上话。问题解决之后，员工们还在一旁"火上浇油"："老大真厉害！"这让我的虚荣心和满足感"暴涨"，内心沾沾自喜，觉得辅导也不过如此。

多次发生这样的事情之后，我发现这种行为其实制约了"明星员工"的发展。大树底下不长草，因为枝繁叶茂的大树，将一定范围内的水分、阳光和养料都据为己有，所以大树底下只有低矮的青苔，草和鲜花无法成长。而我就是那棵"大树"，"明星员工"不得已成为"青苔"。

从优秀员工向优秀管理者转变的过程中，有很多人会不断犯错，陷入"泥潭"而不自知，这让管理者之前累积的一些优势，成了团队发展的阻碍。

因此，管理者在辅导"明星员工"时，一定要秉持"使青出于蓝"的原则，学会成就员工。这便是阿里"九阳真经"中的第九条——超越伯乐。

3.1.2　高能低愿

"高能低愿"的员工是工作能力强，但工作意愿不高的员工，这类员工又被称为"猎手"。在团队中，这类员工有能力，却不愿意突破自己，只愿意待在自己的舒适圈内。作为管理者，我们对这类员工的辅导侧重于与他们谈梦想，不断激发他们的活力与潜能。

我在阿里带团队时，会通过沟通、动之以情、晓之以理，让他们明白自己未来想要成为怎样的人，并帮助他们明确未来的发展方向。除此之外，管理者还需要抓过程，对这类员工进行监督管理，这样做能够有效地激发出他们的潜能。

"高能低愿"的员工如同懒散的士兵，需要加强对他们的管理，才能让整个团队更好地运行。而辅导也是一种有效的管理方式。因此，管理者在辅导这类员工时，要严格检查，把控过程。

3.1.3　低能高愿

"低能高愿"型的员工工作意愿强，可工作能力低，在阿里通常被称为"老黄牛""农夫"。这类员工对公司的忠诚度较高，如果辅导得当，将会成为团队发展的中坚力量。对这类员工的辅导主要侧重于技能层面。

阿里针对这一类型员工的辅导提出了十六字方针：我做你看，我说你听，你做我看，你说我听。

管理者辅导员工时不要靠说，而是应该俯下身来实实在在地做，帮助员工拿到结果。然后在做的过程中做到"我说你听"，把积累的经验详细地传授给员工。等管理者教完之后"你做我看"，通过这一步检验员工是否掌握了，最后是"你说我听"，看员工的方式方法用得对不对，有没有抓住窍门。从而让这类员工在辅导过程中提升技能水平，获得更多的发展机会。

那么，阿里针对"低能高愿"的员工辅导内容是什么呢？

一、辅导产品方面的业务知识

管理者千万不要以为员工什么都懂，特别是在产品层面，于是就不再向员工讲解产品方面的知识。

我在阿里做跨境电商的客户服务时，发现有许多员工对产品都不了解，这样去谈业务基本不会成功。

于是，我经常利用早会、晚会、周会等设定好时间、要求，让团队成员自主分享自己了解的产品知识，然后再针对他们的错误认识或者薄弱之处，进行补充说明，从而慢慢提升他们的产品知识储量。

二、辅导业务技能

我在阿里带的团队以销售团队、业务团队为主，可其中有许多人根本不懂销售。对于"低能高愿"型的员工的辅导不能只停留在产品知识层面，还需要着重辅导业务技能层面的知识。对于业务技能层面的辅导，我主要通过演练或实战开展，手把手地教。

例如，要想提升员工的销售能力，我会先安排一场模拟实战。让员工扮演客户，我自己扮演销售员，演练完后与员工交流。然后，我会与员工交换演练角色，让员工来说服我签单。最后反复演练，从中总结经验。

产品知识层面的辅导可以通过考试来测试辅导结果。可业务技能层面的辅导，由于员工个人学习能力不同，无法规定确切完成的时间，这是一个不断提升的过程。

3.1.4 低能低愿

"低能低愿"型的员工不仅工作能力低，工作意愿更低。因此，对这类员工，除了开展产品知识和业务技能层面辅导外，还需要加强思维方式层面的辅导，即认知辅导。

对于"低能低愿"型的员工，阿里管理者首先会用绩效考核、奖惩措施等，来给员工制造一定的压力，使其转变为员工工作的动力。随后，管理者会帮助员工在认知上获得成长。

我在阿里带团队时，发现有一些员工是因为心态问题导致的"低能低愿"，每次遇到问题时，他们会觉得自己这个做不好，那个也做不好，因此就没有再拼尽全力行动，更别提获得结果了。我经常向这类员工说："工作不难要你干什么呢？"并告诉他们"你能行"。这是在强化员工的心态，让员工不要先想工作中有哪些千难万险，而是想如何千方百计地解决问题。

管理者通过辅导提升员工的认知，不仅在心态层面进行辅导，还要传递价值观。员工从大学步入社会，进入职场，第一位辅导他的管理者对他的人生观和世界观会产生极大的影响。无论是公司，还是管理者，都有责任和义务帮助员工去形成正确的价值观和人生观。这便是阿里"用价值观去塑造价值"的理念。

管理者对"低能低愿"型的员工辅导时，还要坚守"12 字方针"，做到"身先士卒、率先垂范、以身作则"。正如阿里一直强调的那样：做管理，不是人才才去做管理，而是做了管理你才有可能成为人才。我们的管理者要成人达己，在帮助别人成长的过程中，成就我们自己。

克里斯坦森也认为在管理做得好的情况下，为他人提供学习和成长的机会，让他们懂得承担责任，并帮助他们取得成绩，会促进团队的发展，这可以有效打造高效的环境，从而提高团队面对危机的能力。

以上便是阿里四象限的辅导原则，管理者应该根据员工所在的象限，制定出合理的辅导方案。

3.2 "2×3培训管控法"，培养出高绩效团队

勤勉者得以成功、懒惰者将自动或被迫退出的环境，有助于提升企业的业绩，应对不同的危机。

"纸上得来终觉浅，绝知此事要躬行"，阿里的管理者通过实践总结出了"2×3培训管控法"并建立了培训制度来培养高绩效团队。其中"2"是指两种角色，即管理者和培训负责人；"3"是指三个阶段，即"培训前""培训中"和"培训后"。

3.2.1 两种角色：管理者和培训负责人

管理者和培训负责人是贯穿整个培训过程的两种重要角色，他们在培训的过程中发挥着怎样的作用呢，又需要具备哪些特征、意识呢？

一、第一角色：管理者

管理者是培训中的核心人物，在培训过程中起主要作用。培训的每一项机制的推行，都需要管理者强硬的管理能力作为保障。因此，管理者必须重视培训，对培训抱有严格实施的态度，在培训中应当注意以下四个方面。

1. 责任意识

"看起来身先士卒，实则事必躬亲；说起来充分授权，实则甩

手掌柜"，这是许多管理者在进行培训时可能会出现的问题。有的管理者不放心手下的员工接手项目，于是事必躬亲，这实质上是对员工的不信任。有的管理者直接将权力下放，充分授权给下属，直接当"甩手掌柜"。这两种行为都是管理者不负责任的表现。

培训与辅导，实质是掌控好"身先士卒"与"充分授权"之间的平衡，需要管理者拿捏分寸，直面内心否则就是"差之毫厘，谬以千里"。因此管理者应该将辅导与培训看成是自己的责任与义务。

我在阿里带领团队开展某一项目时，有一个员工不明白当时的产品政策，与一客户签了10万元的单送出了43200元的优惠。原本的产品政策是前10~20名签单的客户，可以获得23400元的优惠。可这位员工却看成了前1~10名签单的客户可以获得43200元的优惠。这时，客户已经签了合同，钱款也已经到账，想要挽回却无计可施。

之后，我只能将情况上报给我的上级。他直接告诉我，团队成员不清楚产品策略和促销活动规则，是我的培训不到位的结果，我应该为本次的结果负责。最后，他只罚了我200元，没让我承担损失。在开大会时，他没有指名点姓，只说有个主管一个月写错了3份合同。我知道这个人就是我，就直接在大会上表明不会再出现此类错误。

通过这件事，我认识到管理者要为培训的结果负责，因此就必须将培训成果落实到位，这是身为管理者的责任。

这种责任意识不仅体现在"要为培训结果负责"层面上，还表现在"确保培训机制落地"层面。当培训机制确立之后，管理者就要严格确保培训机制的运行，"雷打不动"地去坚守这个机制。

我在阿里带团队时，为自己的团队制定了"晚上六点进行培训"的规定。但当时负责行政的人员比较年轻，他并没有意识到坚守这个制度的重要性，他在和人力资源主管沟通之后，将晚上六点进行培训的规定改成了在晚上五点半进行。我那时在外出差，当我收到这个消息时，立刻意识到了问题的严重性，回到公司之后，立刻质问了他们："为什么要将培训的时间提前？你们觉得培训是在占用大家的休息时间，耽误大家下班吗？"

最后我严厉地批评了他们，并坚持将培训时间定在晚上六点，因为这是制度。如果团队中的每个人都可以随意更改制度，将会使员工对制度不屑一顾，导致制度无法顺利落地。为了避免此种情况的发生，管理者需要坚守制度，这不仅是对自己的工作负责，也是对员工负责。

无论培训结果是好是坏，员工能否有所成长，管理者都应该作为第一责任人存在。管理者对培训的重视程度，直接影响了培训的结果。管理者平时可以温和，与员工打成一片，但在培训这件事上，一定要严格，让员工看到管理者在这件事情上的态度。

管理者只有在平时对员工严格要求，让员工通过培训提升自己的能力与业务水平，才能在危机来临之际，有足够的能力去应对。

2. 引导意识

培训是为了让员工得到成长，归根到底是员工个人的事。管理者组织培训活动是公司对于员工成长的重视，是对员工真正有益的事情。因此，管理者需要引导团队成员达成共识，去接受和理解这个理念，让他们发自内心地接受培训，从而提升培训的效果。

一部分员工能够有这种意识，明白公司为了他们成长，提供了非常好的条件，于是他们非常认真地参加培训，没有不满情绪；另一部分员工则认为，公司占用了他们的休息时间，于是心怀怨念，培训时也听不进去。

时间一长，你就会发现，那些珍惜培训机会、乐于学习的员工，变得更加优秀；而那些不愿学习的员工，则会慢慢掉队，不再适合这个团队。作为管理者而言，要及时帮助员工转变想法，避免员工掉队。

3. 定力

当年，关明生初来阿里时，会请实习生在一周内做他的影子或者跟随者，让实习生去看他的工作时间分布情况。结果实习生发现关明生有60%的时间都在帮助员工成长，或培训，或做 Review，或进行现场沟通。

培训是一个需要长期坚持的事情，管理者需要极大的定力。正是这种定力，让管理者在公司陷入危机时，也能及时找出问题，从而带领整个公司走出危机的阴影。

4. 同理心

这里的同理心并不是指同情心，而是管理者站在员工的角度，从员工的成长、利益方面出发，让员工明白培训对自己的作用，从而让员工将注意力放在培训上。例如，有些员工会抱怨培训占用了他的休息时间，而管理者此时就更应该运用同理心，让员工从培训中有所收获，让员工懂得有价值、有意义的培训，不是件浪费时间的事。

管理者应该千方百计地做好培训的相关事宜，让员工通过培训收获成长，学会技能。同理心在这一环节的作用十分明显，可以激发员工对成功的渴望。当员工极度渴望成功时，就会愿意付出非凡代价，愿意用时间、精力等来换取成功。培训是帮助伙伴们成长、成功、取得成就的必备条件，管理者必须为员工负责。

值得注意的一点是，尽管同理心很重要，但不意味着管理者应该在培训这件事情上向员工妥协。

二、第二角色：培训责任人

管理者对培训的结果负主要责任，但这并不意味着管理者就一定是培训的负责人。培训必须有专门的负责人，负责确保培训工作落地。培训负责人要负责搭建培训机制、完善培训体系，不断地进行迭代，让团队成员真正收获成长。

在阿里，培训通常都有专门的负责人，他们就像导演一样，负责搭台指挥，其他人按照相关要求来演戏。除此之外，他们有时还充当编剧和演员的角色，确定培训内容并亲自进行培训。

一场培训的结果是好是坏由员工说了算，当员工参加完这场培训之后，无比期待下一次培训时，就意味着这是一场成功的培训。在培训中，两种负责人都是核心角色，应该通力协作，共同致力于培训工作的进步和发展。

除此之外，管理者还需要对培训进行阶段性的复盘，找出培训中还存在的其他问题，帮助员工及时解决这些问题，通过不断完善，提高培训对员工的效用。

3.2.2 三个阶段：培训前、培训中、培训后

我们在这里将培训分为三个阶段，"培训前""培训中""培训后"这三个阶段共同构成了一个完整的培训过程，体现着企业培训机制的整体情况。培训是企业的常态化行为，管理者一定要搭建出适合员工的培训机制，确保员工通过培训得到长足的进步。

一、培训前

培训前是培训的准备阶段，管理者要进行培训的规划、排期和预习，要找到业务上存在的真实问题，并对其进行"能力切片"，找出员工的薄弱之处，确定培训主题。在这之前，还有一件最重要

的事，即让被辅导的员工明白本次辅导的作用，让他们打心底愿意参加本次培训。否则，员工根本无法从培训中取得收获。

1. 培养员工的强者思维

在阿里，我们一般利用晚会的时间进行培训，有时候时间会长一些，有的团队成员可能会产生这样的想法：都下班了，还占用我的休息时间。在这样的心态下，员工肯定学不到什么。

为了避免有团队成员出现这种心态，我经常在早会等时间段里分享其他团队成员学习的故事，让团队成员明白学习的重要性。一个人既想要成长，又不想花费时间与精力，世间哪有这样的好事呢？通过潜移默化的影响，我让我的团队将培训看作是学习的机会，让团队成员能够为自己去学习。

阿里有一句话很流行：成长是自己的事情，你叫不醒装睡的人。如果员工自己不想学，管理者无论培训多少次都没用。因此，管理者一定要让员工真正明白培训的作用并自愿学习后，再去开展，这实质上是在培养员工的强者思维。

真正的强者在乎的不是早点下班，不是工资有多少，也不是培训是否在周末开展，他们在乎的是自己有没有收获、成长，是否能与更优秀的伙伴一起工作，自己的未来是否更加精彩等。让员工从眼前的利益看到长远的发展，这就是管理者让员工具备强者思维的过程。

2. 明确培训的相关事项

在阿里，管理者一般会进行"三确"。

一是确立培训目标。培训目标就是管理者与员工期望通过这场培训达到什么样的效果。培训目标的确立，需要管理者与培训组织部门、需求提出者进行深入沟通，了解员工的真实需求后得出。

二是确认受训人员。所有培训的展开，都有其特定的受培训员工，管理者在开展培训前，需要根据培训目标，确认受训人员，并及时通知到位。

三是确定培训主题。这是管理者工作的重点。一般而言，培训主题主要来自于业务上遇到的真实问题，主要包括产品和技能两方面。在阿里，产品培训包括产品宣讲、促销政策、行业分享等；技能培训主要包括销售技能、谈判技能、系统操作等。

有时候员工看似对产品知识非常了解，实则没有了解产品的具体情况。管理者进行产品培训工作，通过向员工讲解产品知识，让员工了解产品的特点、卖点、客户的需求等，帮助员工提高对产品的了解程度。这样的培训可以让员工在面对客户时，能准确告知客户产品等信息，提升成交率。

在阿里，几乎每天都有产品培训，以帮助每个员工熟悉产品、促销政策、行业分享等相关信息，让员工真正"专业"起来，让他们在面对任何客户时，都有底气。

当员工对产品知识有了透彻的了解，却还是无法取得成绩时，管理者就需要对他们进行技能方面的培训。销售团队的员工，如果迟迟出不了单，一定是缺乏销售技巧。管理者要想提升员工的技能水平和业务水平，只靠一场培训是无法达成的，需要持续不断地进行培训。

在阿里，无论是产品培训还是技能培训，都是一个长期的过程，并且没有将两种培训明确地区分开来。阿里每周通过多次培训、确定不同的主题，全方位地使员工有所成长（见图3-2）。

管理者将在业务活动中遇到的真实问题作为培训的主题时，还需要做到多样化。例如，阿里确定了图3-2中的"金品课题"这一主题，随后又将培训的具体方向表述了出来，即"为什么做金

图 3-2　阿里培训主题一览

品，如何做好金品"，这样具体的描述可以让培训有一条清晰的脉络，避免在培训的过程中出现跑题的情况。

二、培训中

虽然管理者可能不是培训人员，但依旧在培训这一环节中发挥着重要作用。让培训顺利地开展下去，并对员工起到一定的作用，管理者可以从以下三个维度入手，打造一场有效的培训会。

1. 第一维度：确保培训形式的多样性

在学生时代，大多数人都不喜欢老师一直在课堂上讲课，更喜欢有互动、有活动的课堂氛围。如今的培训便是将课堂从教室转移到了培训会上，但大多数人依旧不喜欢形式单调、乏味的培训课。

因此，培训形式一定要多样，避免培训变得单调、陈旧、乏味。我在阿里对团队进行培训时，会运用多种形式，包括"共创会""私董会""头脑风暴""漫游挂图""沙盘模拟""视听结合""角色扮演""案例研讨"等。通过利用各种形式可以让培训变得生动活泼，寓教于乐，增强员工的参与感的同时让员工更加专注。

2. 第二维度：确保培训讲师的多样性

"每条河都有自己的方向"，每个人也都有自己的特点与个性。一个培训讲师在培训的过程中必然会带有自己的个性，例如独特的培训风格、独特视角下的结论等，这些内容不会随培训方式的变化而发生变化。如果管理者一直任用同一个讲师进行培训，有可能会使培训僵化、死板。

因此，管理者也要重视讲师风格的多样性，每一个讲师在面对不同的主题时，都会根据自己的经验提出不同的见解，这可以让员工从不同的视角去看待同一件事，从而学习到更多的东西。

阿里举办的一些大型培训课程会邀请王民明老师，以点评嘉宾的身份，为每一个来听课的员工做分析与点评；还会让高层管理者彭蕾等人做总结并进行反馈；就连刘埔老师也会全程陪同员工听课，并做好总结工作。

除了团队管理者和阿里内部培训专员之外，阿里还会经常邀请各个领域的权威人士来对员工进行培训，这些讲师们风格不一，员工的接受程度更高。

3. 第三个维度：提升员工的参与度

阿里的培训不仅是讲师向员工分享自己经验的过程，也是员工互相分享的过程，在培训的过程中让员工分享，可以提升培训的质量。我在阿里进行团队培训时，会让每位员工每年至少做两次分享：一次是优势分享，人人都是专家，每个人的长处都是值得其他人学习的地方；另一次是劣势分享，教是最好的学，让员工把自己的短板暴露出来，让其他员工"有则改之无则加勉"。

如此一来，做分享的员工在这个过程中不仅明确了自己的优势，也知道了自己该改正的地方，其他员工也能够从中获益，通过他人的分享来检视自己。

令培训发挥效用的方式、方法多种多样，培训负责人要多动脑、多规划，将培训结果落地。

三、培训后

培训会议的结束并不代表着培训工作的结束，后续的跟踪工作同样重要，它是检验培训效果的最好法宝。管理者在培训后这一阶段的工作重点，就是要对受训员工进行有关培训内容的考试，明确员工通过这场培训到底学到了什么，有没有掌握重点。

我一般使用的方法是"邮件输出总结法"。我先将培训的所有内容记录下来，然后总结成邮件，发给全组成员。同时我要求每一个受训成员，都去完善这个邮件，把自己的收获写出来，最终形成一个更加全面的总结，让可复用的知识点沉淀下来。当有新员工入职时，这就是最好的学习材料。即使新员工没有参加过这次培训，想必他在看了这些邮件之后，会对这部分知识有所了解，在脑海中留下印象。

除了这个方法之外，管理者还可以让每位员工自己去写总结，培训后一定要收到员工的反馈，并让员工形成定期总结的习惯，前期可以用制度来约束和引导员工总结。这些总结和反馈不仅能使管理者看到员工对这次培训的接受程度，还能让员工对培训中的知识点加深印象。

最后当员工进行实践时，他们会想，同样的问题，老李是怎么做的？老王是怎么做的？老朱是怎么做的？然后从中挑选一个最适合自己的方法使用，而这个方法在被使用后将成为他自己的方法。

一场培训影响不了结果，更改变不了结果。管理者能做的，就是去搭建培训的机制，通过这种长期的机制来确保员工的成长。对于员工而言，企业最好的福利不是吃喝玩乐，而是帮助他们获得成长。

通过上述"2×3培训管控法"，管理者可以帮助员工提升各方面的能力，推动打造高效的团队环境，进而培养出更多人才。正所谓"台上十分钟，台下十年功"，管理者在平时将培训落实到位，团队定会具备应对危机的能力！

3.3　员工辅导"三人五步法"

正所谓"养兵千日，用兵一时"，管理者需要平时对员工做好辅导，才可能在面临危机时不乱阵脚，让企业正常运转下去。

辅导对管理者和员工而言，都能得到不小的收益。从管理者的角度出发，辅导可以增强管理者的责任心，帮助企业培养团队人才，提升团队能力，活跃团队氛围；从员工的角度出发，辅导可以帮助员工加快学习速度，提升工作能力，增加工作自信，取得更多的发展机会。

尽管辅导员工的好处如此之多，可仍有很多管理者不想辅导、不会辅导，导致团队员工成长速度缓慢、效率低下。学会如何辅导员工，已成为管理者面临的重要工作之一。根据阿里管理者辅导员工的经验，我们总结出辅导员工的"三人五步法"（见图3-3）。

图3-3　"三人五步法"

3.3.1 "三人"：三类重点辅导对象

"三人"指的是管理者需要重点辅导三类对象：新员工、老员工和问题者。

1. 对新员工的辅导

新员工一定是被重点辅导的对象之一，他们刚刚进入企业，无论是职业技能还是工作经验都比较匮乏。新员工在培训期结束，正式迈入工作岗位前，存在非常多的不确定性。

如果这时候对新员工放任自流、不耐心辅导，他们的成长速度将会非常缓慢，以致无法胜任工作，可能会给团队带来损失，甚至还有的新员工觉得自己不受重视，随后离职。

对新员工的辅导，管理者要从"量"上面来入手，进行大量的实战演练，是非常有必要的。作为管理者，我们不能抱着"稍微辅导一下，新员工就能够熟练地掌握工作技能"的幻想，而是要让员工在实践中积累经验，通过量的积累，达到质的改变。

在这个过程中，管理者还需要有恒心，坚持不懈地辅导员工才能达到预期效果。这也是阿里人常说的"量、质、恒"。

2. 对老员工的辅导

有的管理者认为老员工不需要辅导，除了新员工刚入职时流失率比较高之外，老员工因为职业倦怠而流失的情况也非常严重。对于老员工来说，职业技能上一般不存在什么问题，但在心态层面需求接受辅导。老员工是有能力的，如果管理者不给予重视，很可能会导致老员工另谋出路。

3. 对问题者的辅导

第三类重点辅导对象是问题者，也就是在个别问题上存在疑虑的员工，急需就这一问题得到辅导，否则他们的工作难以开展下去。这种辅导一般是有针对性的、临时性的，辅导的过程不会很长。管理者在帮助其解决相关问题之后，就可以暂缓辅导。问题者也分为工作技能上的问题和工作心态上的问题两种类型。

作为管理者，我们在辅导员工时，要懂得因材施教，分清员工需要重点辅导的方向。

3.3.2 "五步"：辅导团队成员的五个步骤

无论是对上述三类对象中的哪一类进行辅导，都可以按照以下五个步骤进行（见图 3-4）。

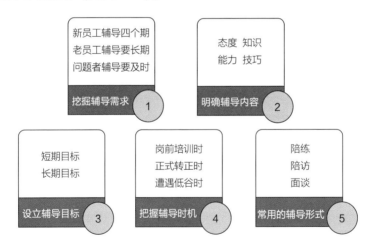

图 3-4 阿里管理者辅导员工 "五步法"

一、挖掘辅导需求

三类不同的员工的辅导需求是不同的。

1. 新员工的辅导需求

新员工的辅导需求可以从兴奋期、挫折期、犹豫期和成熟期四个时期来发掘。每个时期的辅导重点不同，不能一概而论。

兴奋期是员工刚入职的时期，也是员工快速成长的时期。在此阶段，员工对工作怀有强烈的新鲜感和兴奋感。在这段时期内，管理者要迅速进入辅导状态，让员工形成良好的工作习惯，并帮助员工看到结果，让员工能够看得见未来。

挫折期是新员工遇到困难的时期，越是在这个时候，管理者越要辅导员工，扎扎实实地帮助新员工练好基本功，让新员工在逆境中成长，从"不会"向"会"前进。

犹豫期是新员工对工作产生怀疑的时期，管理者在这个时期主要从心态方面辅导新员工。当新员工陷入自我怀疑时，管理者需要帮助他们坚定从业信心。在这一阶段，我一般帮助新员工梳理当前的利益关系，让他们了解继续留在企业可以学到什么、获得什么。随后再以团队榜样的事迹作为案例，让员工明白只有继续努力，用对方法，就能成为团队的榜样。鼓励是辅导处于犹豫期的新员工的最好方法。

新员工进入成熟期时，这代表他们已经能够独立完成相应工作，具备了一定的工作技能，心态也趋于稳定。这时候辅导工作的重点，就是帮助员工进行职业规划，为他指明前行的道路，让他看到清晰的目标。

2. 老员工的辅导需求

对老员工的辅导，是一个持续而长久的过程。管理者对老员工的辅导不像新员工那样，需要事无巨细，而是要结合老员工的心态，在工作技能上对老员工进行点拨，适时地帮助他们提高眼界和见识，让他们能够更加全面地看待问题。

3. 问题者的辅导需求

对于问题者的辅导需求，管理者要注重观察。有很多员工不会主动提出问题，不会主动寻求管理者帮助，这样会导致问题隐藏在冰山之下，是一大隐患。管理者应该及时地去发现问题，关注员工动态，再进行及时的辅导，将一些潜在的风险提早解决。

二、明确辅导内容

辅导内容主要从四个方面展开，包括态度、知识、能力和技巧。针对不同类型的员工，辅导内容也要有所区分。

新员工主要需要知识、技巧方面的辅导，更多的是指工作的方式、方法。在知识与技巧辅导上，管理者要注重强化和考核，通过这些方式，让员工迅速掌握工作技能。

在阿里，管理者会让新员工在三周内，掌握阿里巴巴平台上的所有操作。这就是从知识和技巧层面，对员工采取的针对性的辅导措施。

态度和能力方面的辅导，主要针对的是老员工。这方面的辅导多是需要长时间的积累和沉淀，需要管理者持续跟进。

三、设立辅导目标

辅导目标分为短期目标和长期目标。短期的辅导目标是解决当前问题，让员工能够独立完成工作；长期的辅导目标，就是将员工从被辅导者变成辅导者。在这个过程中，让员工不断成长，不仅在管理者的辅导下学习到相关技能，还能慢慢地去教别人，成为其他人的师傅。管理者在辅导过程中，要以短期目标为基础，不断追求长期目标。

四、把握辅导时机

辅导并不是时时刻刻都能进行的，找对时机，才有可能事半功倍。

比如，岗前培训时、第一天上班时、第一次发薪时、正式转正时、心态下滑时、遭遇低谷时、绩效考核时、加薪晋升时、日报周报时、早会周会时等，这些都是辅导的有效时机。管理者要具备随时随地发现问题的能力，并在过程中及时地予以指导，如员工表现良好，要及时地进行表扬和奖励；员工出现错误，要及时地进行批评和惩罚。

五、常用的辅导形式

辅导的形式多样，可以快速地帮助员工实现全方位的成长。在阿里，管理者最常用的辅导形式是陪练和陪访，我们称之为"Real Play"，即基于真实场景的演练或者面谈。

1. 陪练：模拟演练，用子弹喂出神枪手

在新员工到岗之后，管理者必须落实陪练辅导，因为"任何一个神枪手，都是用子弹喂出来的"，老练的员工也是通过陪练与实战成长起来的。

陪练可以理解为陪同新员工进行实战模拟，管理者通过模拟情景，发现员工存在的问题，随后通过共同分析，讨论得出解决问题的方法。

例如，阿里销售岗位的员工每天拜访完客户，晚上回到公司，模拟第二天真实的场景。如果明天要实现签单，那么在这之前一定要对客户做好详细的分析，如老板是谁？第一KP（关键人）是谁？客户的反对意见是什么？同行竞争对手是什么样的情况等，然后，管理者与员工轮流扮演销售员与客户，反复进行演练。这样做可以让员工在第二天拿着合同，胸有成竹地上门签单，这就是陪练的优势。

管理者在陪练时要选择有针对性的客户场景，这样才能进行有效的演练。另外，管理者在每次演练结束后，要对员工进行点评，指出问题，并提出改进意见，为下一次实战积累经验，从而促进最终目标的达成。

我通过多年的陪练实践，总结出了"陪练三部曲"（见图 3 - 5)，不断为员工赋能。其他企业的管理者也可以借鉴参考，将"陪练"落到实处。

图 3 - 5 陪练三部曲

第一步是预先制定计划。所有的陪练活动都应当是有计划的，比如陪练时间、陪练对象、陪练内容等，管理者都应该提前规划好。

在阿里，如果近期内有新的促销策略出台，或是推出了某个新产品，管理者就会有计划地开展陪练，安排好时间和对象。比如每周三和周五的晚上，会对 1～2 组成员进行深度产品演练，针对新产品上市后可能会在销售过程中遇到的问题展开。

第二步是过程。在演练过程中，员工要进入状态，让自己真正融入扮演的角色之中，真实地构建相应的场景，营造实战环境。这种演练要非常细致，细致到见客户怎么做，演练就怎么做，就连在进门时与客户交换名片这种细节都要演练。

员工演练结束之后，团队的成员先进行点评，然后管理者再进行点评。众多的观点汇聚在一起，能够做到更加全面和客观。

第三步是结果。结果就是将演练中出现的问题进行总结，督促员工在实际工作中注意类似问题，并在陪练后继续跟进，保证将演练内容付诸实践并长期有效。

在陪练的过程中，管理者要充当双重角色：既是陪练者，又是教练。管理者需要以教练的心态，在陪练中启发员工，让员工进入状态，身临其境，以减少在真实工作中的失误。

2. 陪访：上阵实战，言传身教，手把手教陪访

陪访的意思是管理者跟随员工，实地去走访客户。陪访机制就是在团队中实行"老人带新人"的方式，让新员工得到快速成长。一般而言，"老人"是指管理者本人，发挥着导师的作用。管理者可以在陪访的过程中，及时地发现被陪访员工的问题，并帮助他们解决问题。

在2006年我刚开始做跨境电商时，目标是帮助客户做海外出口业务，便见识到了阿里陪访机制的重要性。当时北方市场的客户几乎不做出口业务，我们跑遍了三四百家钢材企业，发现只有一两家在做出口业务。我们找到这些企业，跟他们说："你需要先从内贸转外贸，再买一个阿里巴巴的出口通就能实现出口。"

这样做是在改变客户的战略，大家可以想象一下：一个刚毕业一两年的小伙子去跟客户谈这些东西，客户肯定是不会相信的。因此，当时的管理者一直陪着我们去拜访客户，一遍一遍上门，有的客户甚至上门拜访了60多次才签下来。

通过一次次的陪访，我的业务水平突飞猛进，这也让我看见了陪访的巨大作用，在后来带新人的时候，我也会使用陪访的方式。

陪访需要注重四个关键点。

一是在陪访过程中，管理者在大多数时候要扮演的角色是配

角，主角是员工，不能喧宾夺主，大包大揽。管理者要给员工成长的机会，允许员工犯错，允许员工在被陪访的过程中有自己的思考，这样才能让员工在改正错误的过程中不断地提升自身的能力。正所谓"授人以鱼，不如授人以渔"。

二是管理者在初期陪访时，主要从思想和方法上辅导员工，在后期陪访时，以了解和关注细节为主。

三是打铁还需自身硬，管理者自身的业务水平一定要高，脱离一线业务去做管理一定会出现问题。

四是陪访就是上阵实战，言传身教，手把手地教。管理者不能怕麻烦，要时刻谨记以辅导员工为主要工作。在实战时，管理者还要将员工的表现记录下来，陪访完以后要分析其存在的问题。我每次在陪访时，都会记录员工的一言一行，并制定成表格（见表3-1），以方便分析，之后还会将分析的结果与团队成员一起分享、讨论。

表3-1　陪访内容记录表模板

陪访记录表	
被陪访员工：张华	
陪访目的	1. 了解张华的路线安排
	2. 了解张华的谈判技能
陪访内容	1. 9点30分，突击安排与张华见面，并与她一起去面谈第一个客户
	2. 张华认为客户在"产品的现价比其他公司贵"这个问题上存在异议，认为与客户没有谈判的余地，因此没有进入谈判的过程之中
	3. 11点30分，张华到达第二家客户处，但客户已经离开。由此可见，张华的时间安排不合理，这样很容易造成客户流失

（续）

陪访记录表		
陪访评估	优势	1. 能够虚心接受和采纳别人的建议，有较强的学习能力和变通能力
		2. 有很强的自尊心，急于表现自己，想向别人证明自己可以做得更好
	问题	张华在跟进客户时，不能与上次谈判的进度有效连接起来，在判断客户真实想法的方面存在不足，没有完整的工作思路
陪访建议		1. 张华在下次与客户面谈前，必须注意事前的电话约访和路线安排，从而提高工作效率
		2. 事先做好计划，确保跟进客户时不会被打断工作思路

　　有记录、有分享的陪访才是完整且有效的，能够真正地解决问题。管理者在陪访时，最重要的就是做好陪访记录，这是陪访后开展讨论与分析问题的前提条件。

　　辅导是功在平时的一项管理动作，管理者应该在日常的管理过程中将辅导落到实处，从而培养出一支能够直面危机的团队。

3.4 管理者做好复盘的"五步骤三角色" 法

"天性好比种子，它既能长成香花，也可能长成毒草，所以人应当时时检查，以培养前者而拔除后者"。而复盘便是企业拔除"毒草"，更好成长的重要工具。

根据在阿里数千次的复盘经验，我总结出"五步骤三角色法"（见图 3-6），助力管理者做好复盘。

图 3-6 "五步骤三角色法"

3.4.1 "五步骤"：复初心、复目标、复结果、复原因、做迭代

管理者要做好复盘，需遵循五个步骤：复初心、复目标、复结果、复原因和做迭代。每个步骤的复盘内容与侧重点不同，表 3-2

将详细展开介绍。

表3-2 项目复盘流程

项目复盘流程					
步骤	复初心	复目标	复结果	复原因	做迭代
主要内容	①初心是否明确 ②初心是否被共同看见	①项目想要达到的目标是什么 ②关键环节或工作计划是什么 ③各环节的预期目标是什么	①实际发生了什么事情？有哪些环节？各环节具体发生了什么 ②每个环节的亮点有哪些？不足有哪些	①实际情况与预期目标有无差异 ②如果有，是哪些因素造成这些差异的 ③未能成功的关键因素是什么	①从中学到了什么？接下来可以做什么 ②近期的迭代计划是什么？谁来负责？什么时候完成
关键点	一定要跟团队成员达成共识，让大家共同看见，知道项目的价值和意义	目标必须符合SMART原则，具体、可衡量、可达到、可观察并有时间期限	还原事实真相，每位参会伙伴开放分享自己的所见所得	既有客观原因，也有主观原因，把握关键核心，不要限于细节	总结出开始做什么？继续做什么？停止做什么

一、复初心

复初心是复盘的第一步，也是复盘的基础。复初心主要从两个问题入手。

一是初心是否明确；二是初心是否被共同看见。

很多时候，我们会发现自己并不清楚做事的目的和原因。而目的和原因正是我们工作的初心。我们常说"不忘初心，方得始终"，如果不明初心，又何谈始终？所以，我们在开展一项工作时，要记录下工作的出发点以及工作的价值所在，这就是初心。

支撑着我们努力奋斗的往往就是初心。作为管理者，我们要在初心层面与团队成员达成共识，让大家共同看见，员工知道工作的意义，以此来鼓励大家朝着共同的方向奋进。成功，从某种意义上来说，就是把初心做到极致。

所以，管理者在复盘时，首先要检视初心是否明确，团队内是否所有人都明确知道我们的初心是什么。假如在这一步骤出现了问题，将会给后面的工作带来很大的隐患。

在阿里，有一个环节叫目标宣讲，管理者通过将目标明确到每一个人身上，并反复宣讲，让员工对目标达成共识。这便是确定初心的环节。在复盘时，阿里的管理者会从最初的目标制定、宣讲环节开始，确定初心是否明确。图 3-7 是我现在团队使用的"成长引力项目复盘表"，里面就有项目初心一栏。

成长引力项目复盘表		
项目名称		
项目时间	项目负责人	
项目概况		
回顾目标	回顾最初目标与最终达成情况	
最初目标		
达成情况		
评估结果	找到亮点与不足	
亮点之处		
不足之处		
分析原因	找到其中做得不足的地方的原因	
不足原因		
总结经验	总结其中做得成功的地方的方法论	
成功心得		

图 3-7　成长引力项目复盘表

二、复目标

初心明确之后，管理者接下来要做的就是复目标。复盘目标时，管理者需要思考三个问题：

我们要达到的目标是什么？

关键环节或工作的计划是什么？

各环节的预期目标是什么？

以这三个问题为切入点，进行全面的目标复盘，找出达成目标的过程中可能出现的问题，并加以分析。一般而言，目标不清晰或者目标不坚定，是导致我们最终得不到期望结果的根本原因。因此，目标复盘不可或缺。

如何进行目标复盘？

目标复盘的关键点就是检查目标是否符合 SMART 原则，具体可参照月报里的 SMART 原则进行。在阿里，经常会举办客户论坛活动，要求员工邀请客户前来参加，每个人的目标是 30 个客户。员工邀请的 30 个客户是管理者还是普通业务人员，这其中有很大的区别。虽然员工们都完成了目标，但完成目标的质量有天壤之别。因此，在复盘目标时，也需要复盘目标完成的标准。

目标和标准，是最容易被忽视的要素，也是最容易出现问题的地方，需要引起管理者的重视。

三、复结果

复结果就是回顾员工的目标达成情况，主要分为两个维度：一是目标的达成指数；二是完成的目标是否达到了标准。

管理者在复盘结果时，可以从以下三个问题入手：

实际发生了什么？

取得了什么样的结果？

每个环节中有哪些亮点和不足？

用结果对应目标，管理者就可以清晰地看到员工的目标是否达成。对于达成了的目标，要注意沉淀成功的方法，形成可供共享的经验。

复盘结果的关键点是还原事实真相，让每位员工开放分享自己的所见所得。

四、复原因

预期目标与实际结果总是有差异的，对于未达成目标的部分，管理者需要细究其原因，进行有针对性的总结，也就是复原因。

管理者在复原因时，可以从以下三个问题入手：

实际目标与预期目标有无差异？

如果有，是哪些因素造成的？

如果没有，成功的关键因素是什么？

复原因的关键点在于：既有客观原因，也有主观原因，把握关键核心，不要局限于细节。

五、做迭代

做迭代就是管理者对本次复盘进行总结，让员工积累经验，得到的收获和对未来工作的启迪。管理者在做迭代时，可以从以下三个问题入手：

从中学到了什么？

接下来，可以做什么？

近期的一个小计划是什么？谁来负责？什么时候完成？

做迭代的关键在于：总结出开始做什么？继续做什么？停止做什么？

事实上，复盘的前四步，都是为做迭代服务的，这是复盘工作中的关键点。通过复初心、复目标、复结果和复原因等一系列流程，整合出一套工作框架和体系。将经验和方法分享给其他员工，供他们学习借鉴，沿用成功的方法提升他们成功的概率。通过复盘总结出的经验与方法，是员工今后工作的重要参考资料。

在阿里，我们进行复盘时，会进行记录，以方便留存，并为其他员工提供参考。记录的内容包括项目标、结果、问题、分析总结。复盘记录是辅助复盘工作落地的重要工具（见图3－8）。

成长引力项目启动表				
项目时间		项目总控		
项目名称				
项目目标				
项目成员				
项目进度	任务名称	截止时间	达成标准	负责人
准备阶段				
推广阶段				
项目进行				
项目复盘				

图3－8　复盘示例表

我在工作中，不仅会记录复盘内容，还会记录项目启动的各个阶段，方便在复盘时拿出来做比对。在阿里，有很多员工在复盘时，都会带上启动表与复盘表，并准确填写，这是阿里复盘效果明显的重要原因。

3.4.2 "三角色"：老师、教练、闻味官

管理者在整个复盘的过程中，角色不是一成不变的，在复盘的不同阶段，管理者扮演着不同的角色，分别是老师角色、教练角色和闻味官角色。

一、老师——主导、定角色、控流程

在复盘的第一个阶段，由于团队刚接触复盘，对复盘的流程和方法一知半解，无法巧妙地运用复盘这一工具总结经验、规避错误，这是团队在初期复盘时会遇到的典型问题。此时管理者要扮演老师的角色，在团队中占主导地位，去控流程、定角色、把握重点，引导员工进行复盘。

在这一阶段，管理者最关心的问题，就是避免再犯低级错误，或者员工以后怎么样能够减少这样的错误，而不至于错过下一次机会。在这种状态下，管理者要"唱主角"，发挥主导的作用，要做的核心工作是：定角色、控流程。

在这一阶段，管理者进行复盘的核心目标，就是让团队成员学会如何复盘。此时管理者需要像老师一样，手把手地教员工、带领员工一步一步地做好复盘。

管理者不仅需要教员工复盘，还需要给员工做复盘示范。例如，2019 年的"双十一"之后，作为阿里掌门人的张勇便率先进行了活动复盘，找到了今后"双十一"的发展方向——技术创新。这种有效的复盘活动，可以成为员工复盘时的学习案例，让员工对复盘有更加深刻的理解。

二、教练——辅导、把控关键节点

当复盘到了第二阶段，也就是团队进行过几次复盘的实践后，员工基本了解复盘的流程和方式，但由于各种原因不能从复盘过程中取得理想的效果。

在这个阶段，管理者从主导者变成辅导者，把复盘的舞台交给团队成员，成为一名教练。把控关键环节，集思广益，关键时候给予员工方法和拓展思路，这是教练工作的内容。同时，由于员工对于复盘理解得不彻底，有极大可能会在复盘中"卡壳"，管理者需要从旁点拨，拓展员工的思路。

在这一阶段，管理者进行复盘的核心目标是：通过辅导和推动复盘工作开展，在不断调整中，让团队将复盘做得更好。

我在阿里带团队时，每月、每周的复盘工作都是由团队成员轮流开展的，让每个员工都能在实践之中，掌握复盘的流程，锻炼员工的组织能力。在复盘过程中，我还会鼓励员工互相分享复盘经验，相互借鉴学习。作为管理者，我们需要懂得放手，让员工自己去学习、去超越，这样才能让员工快速成长，提升能力。

三、闻味官——把关注重点转到人身上

当复盘进行到第三阶段，这时团队已经能够熟练运用复盘这一工具了，管理者此时需要从关注复盘的方法转变到关注团队，关注整体氛围，关注团队的味道，关注每个员工的状态。

此时，员工是复盘舞台上的主角，而管理者要站到台下，成为一名闻味官，复盘从"管理者讲，员工听"转向了"员工讲，管理者听"。在听的过程中，管理者要能够"闻"到员工身上的问题，练出强大的"嗅觉"。这要求管理者具有强大的判断力，能够抓住关键节点。

什么是关键节点？有人欲言又止的时候就是关键节点。欲言又止说明员工内心是有想法的，而此时的想法又是最真实的，讲出来更有利于管理者了解员工的工作状况。因此，管理者要关注员工的动态，在发现有人有表达的意愿时，要及时让他发表见解。

长此以往，会逐渐在企业内部培养出一种真诚沟通的文化氛围，员工敢于并且愿意说出真实想法，这样更有利于揭露问题。

如果管理者能够自如地根据现实情况切换角色，复盘将会发挥出巨大的价值，最终复盘的作用就不再局限于一次管理者与团队之间的会议，而是成为员工自发反省的一种方式，成为随时随地都能够发挥作用的成长工具。

作为管理者，我们不能依靠一次复盘便想着解决所有问题，正所谓"不经一番彻骨寒，怎得梅花扑鼻香"，复盘也是一个漫长的过程，只有长期坚持，才能帮助团队积累应对危机的经验，提升解决问题的能力。

3.5 做好 "Review" 的 "三招九式"

柳传志将棋类术语复盘引进企业管理之中，来代替企业反思、检查、总结的过程。

Review（复盘）原本在管理中只是一个绩效沟通工具，阿里把这个工具用到了极致，尤其在促进员工成长方面，将"Review"的功效发挥得淋漓尽致，并总结出"三招九式"，其中"三招"指的是"用准招""出重招""有后招"。"九式"指的是这三招中的具体方法论（见图3–9）。

图3–9 阿里做好"Review"的三招九式

3.5.1 用准招：员工表述

"用准招"包含"一招三式"，其中三式被统称为"员工表述"，包括表述结果、表述过程、表述规划。

我在阿里带团队时，规定员工每次做 Review 都要用 PPT 来讲解，并且有固定的表述模板。员工首先需要对自己上一个季度的工作进行总结梳理，包括达成的目标有哪些，没有达成的目标又有哪些，具体取得了哪些成果，未来的规划等。这些内容都要在 20 分钟内表述完成。

一、表述结果

表述结果就是让员工用数据、事实说话，让管理者可以透过现象看本质（见图 3 – 10）。

>>> 达成及未达成项情况分析及改进计划

	小加餐模块
1	1-小加餐片头制作合成
2	2-日报周报负责人一定是管理者吗？负责人具体负责什么
3	3-日周月报、四会、全部执行是否对员工压力过重
4	4-如何保障三报四会制度的长期、有效执行
5	5-如何培养员工的团队目标感，为团队目标而努力
6	6-在没有物质奖励的前提下，如何激励员工
7	7-如何有效管理、激励90后员工
8	8-公司老员工业绩差，挑战制度，怎么办

>>> 达成及未达成项情况分析及改进计划

	视频录制及转码
1	目标管理课程录制
2	人才培养课程录制
3	leader课程录制
4	个人领导力课程录制
5	团队打造课程录制
6	中岛开营录制
7	答疑系列课程视频录制
8	周报迭代课程录制
9	月报迭代课程录制
10	文化的满分课程录制
11	阿里管理者基本动作闭营录制
12	学习型组织打造录制及转码
13	三板斧全局秘录制及转码
14	三板斧赋能录制及转码
15	团队合作课程录制
16	日周月报、四会、全部执行是否对员工压力过重？
17	如何有效管理、激励90后员工的工作？
18	如何保障三报四会制度的长期、有效执行？
19	阿里土话是否在文化打造中发挥了巨大的作用？

图 3 –10　员工表述结果的案例

在员工表述结果的过程中，管理者一定要坚持"三分提问，七分倾听"的原则，针对员工的每一项目标连续追问"为什么"，一直追到本质上去，最终判断员工是技能问题还是态度问题。因此，在沟通过程中，管理者要依据对业务的理解，形成自己的结构化思维框架，如此才能及时发现问题。

二、表述过程

在员工表述过程时，管理者不需要做任何其他动作，以倾听员工表述为主，在倾听的时候要抱着支持对方、鼓励对方、协助对方的心态来倾听，不要一上来就挑刺。另外，管理者要引导对方多说，说得越多，暴露出来的问题就越多，员工成长的空间也就越大。

三、表述规划

表述规划就是让员工根据本次取得的结果，结合自身情况制定下周、下个月、下一季度的目标，并制定达成目标的规划，这一规划必须要细化到每一个工作点上。例如，图3-11便是我的团队成员制定的规划。

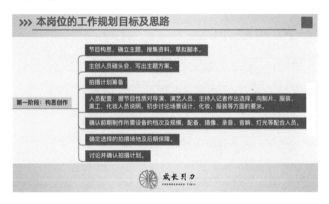

图3-11　某员工表述规划的示范案例

3.5.2　出重招：双向沟通

出重招是指双向沟通，管理者可以从结果、过程、规划三个维度出发进行双向沟通。

一、结果维度

管理者从结果维度进行双向沟通，其目的在于透过现象看本质（见图 3 – 12）。

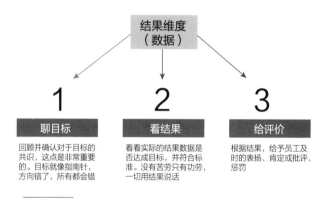

图 3 – 12　结果维度的沟通内容

首先，管理者让团队成员回顾目标，并对目标达成共识；其次，管理者对过程进行层层分析，将实际的结果数据与目标进行对比，判断各项目标是否达成；最后，管理者再针对核心关键点指标的完成情况进行总结和评价。

经过这个复盘过程，基本上就能够把整个事情的全貌看得清清楚楚，哪里做得好、哪里有问题也都一目了然，一切以结果说话。

1. 聊目标

目标完成与否是 Review 的关注重点，因此管理者在进行

Review 之前，需要与员工共同回顾目标。

2. 看结果

在结果维度中，最重要的是对过程数据进行抽丝剥茧的深度思考和沟通。阿里在进行 Review 的过程中，会要求团队成员提供这个阶段的数据、业绩和成长点，管理者在这一过程中会发现员工在数据上存在的一些问题。因此，管理者可以通过 Review，把数据背后的问题来找出来，并利用集体的智慧，让大家一起来分析为什么会发生这样的情况。

比如，本月的目标是完成 100 万元的业绩，但最后却只完成了 70 万元，背后的原因是什么？是团队状态不好，还是方法有问题？当然，我们不仅要发现问题，还要找到解决方法。在阿里，这个"找出问题、解决问题"的过程也叫"不断给药的过程"。

3. 给评价

除了聊目标、看结果外，管理者在 Review 中还需要对员工的整体工作情况给予评价，根据结果给予员工及时的表扬、肯定、批评或者惩罚。管理者的评价一定不能是模棱两可的，好就是好，不好就是不好。这能够让员工对自己有一个清晰而明确的认知。

阿里有很多团队一直采用的评价方式是打分制，有的是十分制，有的是百分制。无论采用哪种打分制，管理者都会告诉员工确切的分数，随后再告诉员工得到该分数的原因。值得注意的是，管理者在沟通之前，需要提前做功课，收集员工的数据，然后再根据数据去看本质。

在企业面临危机时，管理者也要做好 Review，这不仅能对员工的目标达成情况有一个清晰的认知，还能帮助员工解决目标达成过程中出现的问题，从而让企业即使处于危机下也能高效运转。

阿里有句话是这样说的："今天最好的表现是明天最低的要

求。"这句话的意思是不管这次 Review 做得多好，它都已经是过去式了，在下个阶段需要拿出更好的表现。关于这一点，无论是管理者还是团队成员，都应该有清楚的认识。

二、过程维度

看完结果维度，还要看过程维度。因为在每一个结果的完成过程中，使用的方法未必全部相同，管理者需要深入了解团队成员完成结果所运用的方式、方法。随后，管理者还要根据结果与过程的好与坏，来制定与员工进行双向沟通的主题与主要内容。看过程一般有一起四种情形（见图 3 - 13）。

图 3 - 13　过程维度的沟通内容

1. 好过程 + 好结果

在此种情况下，管理者可以马上在同级管理者中分享经验，让更多的团队成员可以学习。我在阿里每次做 Review 时，总会让

"明星员工"分享他们在上个季度做的一些优秀的地方,这项工作的实质是完成经验的分享。

2. 坏结果 + 好结果

如果有好的结果但是没有好的过程,管理者一定要警醒和反思,并找出影响结果的关键因素。员工取得好结果是因为运气好,还是因为上个季度沉淀下来的资源好?是过程造假了,还是员工能力真的存在问题?

每次出现这种情况时,我都会直接询问员工,问他这个季度的过程表现为什么这么差,下个季度该怎么办?还有什么问题?然后找出造成这一问题的根源,对症下药。如果是在过程中有造假行为,管理者就要及时给予惩罚,避免不正之风成为团风。如果是员工的能力问题,管理者则需要根据员工的薄弱点,开展培训、辅导工作。

3. 好过程 + 坏结果

如果有好的过程却没有好的结果,管理者务必要重新审视整个过程,因为其中一定存在着某些问题,要么是员工在工作中报喜未报忧,要么是其业务水平不高。

4. 坏过程 + 坏结果

如果既没有好的过程也没有好的结果,管理者就要先了解团队的状态,然后共同探寻改进方案,必要时还需要与员工签署绩效改进书。如果这种情况持续了两个季度,就要调整员工的岗位了。

除了看过程外,管理者还要对过程数据进行抽丝剥茧的分析,并对员工的关键指标进行完善。在一个时间段内,我们只需要抓少数的核心关键数据,甚至只抓一个数据。比如,在企业平稳运行期,我们只抓业务拜访量;在企业全力发展期,我们只抓业绩达成率；在企业业务转型期，我们只抓新客户数量。管理者应该和员工一起对一段时期内的关键指标达成共识，并形成有利的监督机制，抓住提升关键指标的要素，并和企业的大战略保持一致性。

三、规划维度

管理者在规划维度上开展双面沟通工作，就是与员工聊下个季度的工作目标，完成目标的方法、策略等内容。

规划维度的 Review 核心在于赋能，让员工有明确的目标与达成目标的动力。而在赋能之前，先要找到问题所在，才能一针见血地指出问题，让员工进行自我反思，更加清晰地认识自己，发现自己的不足，进而找到行动的力量。

在阿里，我们常说："一切不能赋能员工的 Review 都是'耍流氓'。"在大家达成共识的基础上，给团队以方法和行动指南，以及让他们心动的理由、修炼的场景、成长的舞台和行动的力量，以实现个人和团队的升级迭代。

因此，阿里的管理者在规划维度与员工沟通时，主要聊目标、聊成长、聊团队（见图 3 - 14）。聊目标可以让员工在接下来的工作中有方向，聊成长可以让员工拥有向目标方向前进的动力，聊团

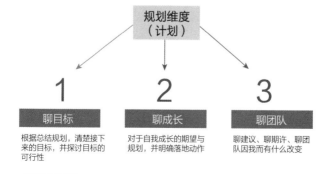

图 3 - 14　规划维度的沟通内容

队则可以让员工产生集体荣誉感，激发员工的工作热情，从而推动目标的达成。

特别是在面对危机时，管理者更要帮助员工进行规划，从而帮助他们稳住心神，可以从容地面对危机，最终与企业共同度过危机。

3.5.3 有后招：管理者指导

后招是指管理者的指导。阿里从诞生至今，度过了无数个大大小小的危机，并将经验总结成管理者进行指导的三大心法，即成长激励、价值激励以及目标激励。

一、成长激励——揪头发

"揪头发"的核心是帮助员工成长，"揪头发"往上提，帮助员工再上一个台阶去思考问题，锻炼员工的眼界，培养向上思考、全面思考和系统思考的能力。把每一个员工往上提，就是把整个团队往上提。管理者不要总在那一亩三分地里"揪头发"，可以从下面两个维度来"揪"。

1. 让员工全面看待事物

在做 Review 时，管理者需要帮助团队成员拓宽视野、解放思维，让他全面地看到事物的点、线、面、体。举个例子，我前段时间给一个团队成员做 Review 时，就开发管理者基本动作这一方面展开，让他去思考管理者的基本动作，比如会议要怎么开、基础管理工作要怎么做等。慢慢地，这个成员很快就投入其中，并开始不断分析，看得更深入。

毫无疑问，这些东西只是一个小的点，要让成员看到线、面、体等更大的框架，就需要告诉他公司的整体布局。以我现在的公司为例，我们希望以"管理者基本动作"为切入点，逐步扩大领域，帮助更多的管理者成长、成功。这就需要通过一个个小的点，逐渐连接成线、面，最后成为一个大的整体。所以，把每个小的点做透，帮助客户创造实际的价值，是一切工作的基础。

例如，我的团队在开发管理基本动作课程时，有一位成员认为我们的课程都是基础的实操场景，对客户的吸引力不大，这其实是没有看见客户需求的表现。有很多管理者看似什么都会做，却连早会都开不好，连日报也抓不好，到最后还拿不到结果，这就是基础场景没有做好的缘故。由此可见，这门课程对大部分管理者是实用的，是具备吸引力的。

于是，我给这位成员"揪头发"，告诉我们先做最基础的点，然后慢慢做到极致，最后打造成一个体系。这样才不会让他只看到业务中的一个小模块，而是让他能够看到全景，从而帮助他不断提升全局思维与系统思维。

2. 让员工看到发展前景

员工如果看不到企业的发展前景，就会对管理者产生怀疑，工作上势必不会努力。所以在做 Review 时，我会告诉团队成员，我们这家公司，第一步是要成为一家教育科技公司，开展线上教学；第二步是要不断地去挖掘阿里、华为的核心管理内容，成为内容服务商；第三步就是延伸成为一家互联网公司。我把员工当成伙伴，将企业的发展规划告诉员工，要让员工能够看到未来。

在"揪头发"的过程中，让员工看到自己的成长、看到价值、看到目标。通过"揪头发"的方式，帮助员工明确目标、提升目标是管理者一定不能遗漏的环节。很多员工工作能力没有问题，工作绩效不达标的主要原因是对目标不够明确。员工往往很难自己建立目标，管理者需要在沟通过程中帮助员工明确阶段性目标，如一个季度、一年甚至三年、五年的目标。

在我目前的团队中，有一个做社群运营的员工，他每天的工作就是发图、发文，做久了会感到非常枯燥、乏味。这时候，让他清晰地看到这份工作的前景非常重要。比如在年底时，我们可以把他做的"每日一图、每日一文"做成一本书，形成一个非常清晰的具象目标，让他看到这份工作的价值所在，并激励他不断将工作做得更好。

除此以外，我还会经常向团队成员描述我们公司的愿景、未来的发展方向。"光说不练假把式"，我在实践的过程中，还会带领团队成员从一场胜利走向另一场胜利，让他们坚信公司前景一片光明，并愿意为之努力。

二、价值激励——照镜子

每一个员工做 Review 的过程都是管理者"照镜子"的过程，无论员工反馈公司内训存在问题，还是反馈公司流程及制度等存在相关问题，都是管理者需要审视和反思的，团队一切的问题都是管理者的问题。以自己为镜子，可以做别人的镜子，以别人为镜子，能够将自我完善。

生命是有尽头的，员工是否愿意用十年、二十年甚至一辈子的时间，在自己的领域不断学习、工作呢？当员工能够热爱这份事业时，他就会全力以赴地工作，并不断提升、壮大自己。

曾经有一位马拉松运动员在一次比赛中获得了冠军，一位记者问他："您是如何坚持跑完 40 公里的？"这位马拉松运动员十分诧异，反问记者为什么用"坚持"这一词，他说跑步是他热爱的事情，可以让他实现自我价值。正是这种热情让马拉松运动员快乐地跑完了全程。

在职场上也是如此。通过"照镜子"让员工看见岗位的价值，看见自身的价值，才能让员工对这份工作充满热爱，甚至是将其视为自己的事业，愿意为之不断奋斗。

除此之外，"照镜子"还能够帮助员工明确他的使命和愿景。管理者有责任让员工将自己的目标、规划、愿景，清晰地写出来，只有当这些东西完全摆在员工面前时，他们内心的火焰才会被点燃，才能熊熊燃烧。管理者有责任和义务，帮助员工明确他的价值观和人生观，同时要用正确的理念去影响他们。

三、目标激励——闻味道

所谓闻味道，与选拔人才时的"闻味道"类似，就是通过细节，去闻闻团队内成员是否与管理者志同道合，能否一起走得很远。"闻味道"的前提，是管理者对企业文化和企业价值观的理解要充分而透彻。

无论是选拔人才、奖励员工、晋升员工，还是辞退员工，管理者都需要看到员工的价值观，要嗅出员工身上与企业价值观相同或是不同的味道。在 Review 的过程中，"闻味道"是最好的方法。Review 能够清晰地展现出员工对于客户价值、团队的理解，对于激情、诚信、敬业等的理解。

只有志同道合的人在一起，才能走得更远。价值观相符的团队成员，更容易凝聚成一个整体，更容易为共同目标而奋斗。

以上便是阿里做好 Review 的"三招九式"，也是提升企业应对危机能力的有效方法。

想一想 ／ 作为一名管理者，你将辅导落到实处了吗？公司的"复盘"效果如何？根据上述内容，结合公司的实际情况，设想一下公司应该如何开展培训、辅导与复盘吧！

PART 4

第 4 章

打造团队，时刻团建

　　用团建汇聚一群伙伴，用团建打造一段故事、一个传奇，用团建构建一生的回忆。阿里的团建，带领着一群有情有义的人，做了一件又一件有意义的事，度过了一次又一次危机，从胜利走向了胜利。

4.1 带领团队赢得这场战役，就是最好的团建

现任阿里巴巴集团董事局主席张勇曾说过："最好的团建方式，就是从胜利走向胜利。"如今，管理者带领团队度过危机、赢得胜利的过程也变成了最好的团建方式。

在 2017 年的亲友日，张勇表示："当你有一个非常具象的目标时，不同领域的团队都要为这个共同的目标去努力，谁也不能掉链子，讲句土话，这是一根绳子上的蚂蚱，谁也跑不掉。必须环环相扣，才能成功，才能把这件事情办了，这个时候凝聚力就油然而生。"

正是因为阿里管理者带领阿里人朝着同一个目标前进，并将达成目标的过程视为一场没有硝烟的战争，才让阿里铁军团结一心，凝聚成强悍的战斗力。这是我在阿里感受到的力量，即便我已经离开阿里，依旧会向自己的团队传递这种精神。

我在带团队时，会经常向团队成员分享钢七连的故事。

许三多："马小帅，钢七连有多少人？"

马小帅："钢七连有 57 年的历史，在 57 年的历史中有 5000 人成为钢七连的一员。"

许三多："马小帅，你是钢七连的第几名士兵？"

马小帅："我是钢七连的第 5000 名士兵，我会为我自己感到骄

傲，我为我之前的 4999 人感到骄傲。"

许三多："马小帅，你还记得钢七连为国捐躯的前辈吗？"

马小帅："我记得钢七连为国捐躯的 1104 名前辈。"

许三多："马小帅，如果你是战斗到最后的一个人，是否有勇气扛起这面连旗？"

马小帅："我是钢七连的第 5000 名士兵，我有勇气扛起这面连旗，更有勇气第一个战死。"

许三多："马小帅，你是否有勇气为你的战友而牺牲？"

马小帅："他们是我的兄弟，我愿意为我的兄弟而死。"

许三多："马小帅，无论是将军还是士兵，只要你还是钢七连的一员，你都有责任让他记住钢七连的前辈。"

马小帅："我会要求他记住钢七连的前辈，我更会记住我今天说的每一句话……"

这是电视剧《士兵突击》中钢七连的入连仪式，让很多人记忆犹新。这样的一个入连仪式，让所有新入连的士兵，都能在宣誓中感受到钢七连的精神，记住钢七连的魂。

事实上，钢七连的入连仪式就是在做团建。我希望通过这样的故事分享，让团队成员感受到战友情，进而让整个团队上下一心。由此可见，团建的核心便是打造团队精神，提升团队凝聚力。

阿里的团建方式与钢七连的团建方式本质相同，都是在让战友体会共进退的精神，让每个阿里人感受到阿里的精神、阿里的魂。这让阿里的团建一直被视为行业学习的标杆。

每一个在阿里工作过的人都会深深地了解阿里有多重视团建：新人入职要团建、管理者上任要团建、员工过生日要团建、员工工作一周年要团建、员工转岗要团建、员工离职要团建、员工业绩好要团建、女员工怀孕要团建，甚至没什么理由，好久没团建了也要团建……

阿里的团建分为三个部分：思想团建、生活团建、目标团建。思想团建，就像是钢七连的精神建设一样，能够帮助管理者建立一个有序的精神团队。阿里的中供铁军便是由此而来。

中供铁军成立于 2000 年 10 月，它帮助阿里走出低谷，熬过世纪之交的互联网寒冬期，并为阿里和互联网江湖输送了众多高管。后来，又帮助阿里打赢非典这一仗，让阿里紧抓机遇一飞冲天。

中供铁军在成立之初战斗力就非常强，定的目标必须要完成，业务员每天拜访十几个客户，几个人挤在一个小房间里吃泡面……这群人用后来的成就证明了当年吃的苦，都能产生巨大的回报。

这群人之所以能够帮阿里打下互联网的半壁江山，是因为他们的心在一起，有着共同的理想和目标。让一群有情有义的人做一件有价值、有意义的事，便是思想团建的魅力所在。阿里的"一颗心，一张图，一场仗"便是由此而来。

根据阿里打赢的各场战役来看，一个团队打胜仗有三个重要的过程：唤醒赢的本能、创造赢的状态、实现赢的目标。它们分别匹配三种不同的团建方式：唤醒赢的本能是用思想团建，创造赢的状态是用生活团建，而实现赢的目标是用目标团建。

"共同的事业、共同的斗争，可以使人们产生忍受一切的力量。"这便是思想团建的力量。有很多管理者虽然了解思想团建的重要性，却依旧有疑惑：究竟什么是思想团建呢？

思想团建，就是通过各种方式，让团队在思想层面达成一致，团队成员拥有共同的使命、共同的愿景、共同的价值观。这一点无论是对企业还是对团队来说，都是共通的。

使命、愿景、价值观等抽象的东西，从团队层面出发可以具体解释为团队的符号、团队的名称、团队的 Logo、团队的口号和关键词等。

阿里有的团队为了激励员工，经常组织聚餐团建。其团建的背景都会带有"阿里"字样、Logo，或者是其他的能代表阿里的标志。这样的背景布置让整个团队有了家庭的氛围，为员工的沟通提供了一个更加舒适、温馨的平台，加强了成员之间的联系，从而让团队能够保持一条心，将其"一面旗、一块铁、一个家"的团队精神落在实地。

思想团建就是跟员工讲使命、愿景、价值观，很多员工不喜欢过于直接的方式接受思想的洗礼，所以管理者要为员工解读使命、愿景、价值观的本质，本质是什么？就是带领大家看远方、学习利他精神。德鲁克说过一句话，我深以为然：管理的本质就是激发一个人的善意和潜能。

思想团建的主要内容是让团队有自己的语言、符号和精神，包含团队的名字和 Logo、团队成员之间彼此的专属称呼、团队独特的激励口号等内容。这些也是员工在日常工作中感知最深刻的内容，更是其他人感知你的团队最好的方式。有了这些，团队就有了骨血，有了自己的精气神。

管理者做思想团建的核心意义，就是让一个团队凝聚起来、鲜活起来，让团队有共同的语言、共同的符号和共同的理念，让团队通过共同的经历和故事沉淀出浓厚的文化氛围。思想团建没有什么秘诀可言，如果说到方法的话，那就是：坚持地说，反复地说，最忌讳半途而废。

我在带团队时，经常会向我的团队分享这样的一个故事。

NBA 有一支非常著名的球队——圣安东尼奥马刺队，这支球队取得过非常辉煌的成绩。这支球队里有三个核心人物，被称为"GDP 组合"。2013 年总决赛时，球队的核心成员蒂姆·邓肯已经

40岁了，打完这场总决赛就要退役了。这场球打到最后一分钟的时候，圣安东尼奥马刺队还落后4分，这时球队的教练波波维奇叫了暂停。按照以往的经验，教练叫暂停时，会详细地布置战术，比如谁来投篮，谁来挡拆等，但这次暂停，老教练没有进行任何战术的布置，只是对球队的所有成员说了这样一段话：

"我们在一起打球20多年了，这有可能是我们的最后一战。到球场上，把自己的后背交给你的队友吧！"

分享这样的故事便是思想团建，是为了让员工明白：人是需要互相帮助的。一个篱笆打三个桩，一个好汉要有三个帮。思想团建的目的是让整个团队的成员拧成一股绳，共同面临困难挫折。

在生活团建层面，阿里一直秉持着"做到心坎上"的原则，真正地关心员工的生活状态。例如，逢年过节会向员工的家人发送祝福短信、赠送小礼物；会为员工提供购房贷款；还会为员工举办集体婚礼等，将关心落到实处，帮助员工提升生活质量，不仅能让员工将精力放在工作上，更能提升员工对阿里的归属感与认同感。

至于目标团建，阿里最常用的方式是"战争"，通过"战争"去凝聚团队。需要注意的是，这个"战争"不是让管理者带着团队成员去和竞争对手打架，而是带着团队为了目标奋斗的过程。例如，阿里的"双十一"大战。

大家可以想象一下，"双十一"零点那一刻，支付宝将面临多大的压力？2012年是阿里"双十一"战役压力最大的一年。当年的"双十一"从5月开始就已经在筹备了，每个事业部那几个月全部的精力都投入"双十一"。每个部门都做好了几套预案，只等着"双十一"零点的到来。

2012年"双十一"零点时，出现了各种系统报错，下单报错、购物车支付报错、支付系统报错、购物车的东西丢失……当时技术部门的人全员上岗，立刻开启了事先准备好的预案，经过紧急排查，到 1 点时，系统各项指标都慢慢恢复了正常。一时间，整个技术部门的人集体瘫坐在椅子上，身上的衣服全被汗水打湿了。仅仅这样的一个画面便能让人感受到阿里人在打这场战役时的热血与激情。

对于企业而言，每次危机都是一场战争，每个机遇也是一场战争，管理者只有带领团队打赢这些仗，才会打造出如阿里铁军一样的队伍，推动企业走向更美好的未来！

4.2 思想团建， 种下梦想的种子

奥普拉说："一个人可以非常清贫、困顿、低微，但是不可以没有梦想。只要梦想存在一天，就可以改变自己的处境。"梦想不仅对个人而言十分重要，对企业而言也是如此。

阿里一直是一家十分重视梦想的企业，甚至还拍摄了纪录片《造梦者》，意在告诉所有的阿里人："你的梦想是世界上最伟大的事情。"正是因为梦想，马云才能够带领阿里走上今天的高度。那么，马云是如何让自己的梦想变为大家的梦想，并让大家一起努力奋斗的呢？

毫无疑问，思想团建在这一过程中发挥着无可替代的作用。企业开展思想团建，可以在团队中种下梦想的种子，并让更多的人为种子浇水，让它慢慢生根发芽、茁壮成长。

4.2.1 管理者做思想团建的两大现状

思想团建对企业的发展十分有利,可却有很多管理者对其不闻不问，以下是很多企业在开展思想团建的现状。

一、从不做：不知道其作用和意义

根据我的调研数据，有 60% ~ 70% 的团队，从未做过思想团建。不做思想团建导致的后果就是，团队成员之间无法相互"交心"，更没有形成团队意识，会为企业、团队的发展带来不利影响。

没有团队意识的团队成员只会为个人业绩努力，从不考虑团队发展状况，当个人利益与团队利益出现冲突时，员工会毫不犹豫地选择抛弃团队利益，维护个人利益。这样一来，整个团队犹如一盘散沙，团队没有共同的愿景，没有共同努力的思维，甚至称不上团队，而应称之为"团伙"。

为何这些企业的管理者从不做思想团建？原因有二：一是不知道其作用；二是因时间紧张而不重视思想团建。管理者应该明白如果员工缺乏共同的愿景指引，没有共同奋斗的目标，会丧失进取心，阻碍团队向前发展。管理者做好团队的思想团建，至少有三大意义（见图 4 –1）。

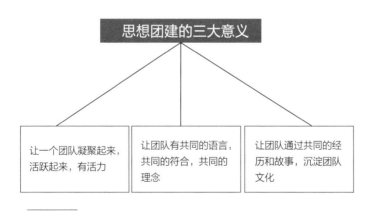

图 4 –1　思想团建的意义

反观如今那些能够留住员工的知名企业，都很重视思想团建。作为管理者，要去学习知名企业的优秀之处，不要因为不了解就轻易放弃。

二、做不好：没有掌握思想团建的精髓

有很多管理者问我："员工的想法太多，不好管，怎么办？"

其实，"想法太多，不好管"这句话本身就是错误的。有这样想法的管理者一般不知道要管什么。如果一个管理者什么都想管，没有重点，那么自然管不好，也管不了，还使自己劳心劳力。

有的管理者在做思想团建时，力图将企业的价值观"填鸭式"地灌输给员工，不让员工有其他想法，将员工的异议视为洪水猛兽，甚至不让员工发声，成为思想上的"暴君"，形成了思想上的"独裁"。

出现这种现象，究其根本，还是因为管理者没有掌握思想团建的精髓，管理者真正要去管，要去统一思想，应该是团队自己的语言、符号和精神，是愿景、是梦想。就像马云身边的人一样，也是因为在马云的身上看到了希望，才有了阿里巴巴今天的成就。

马云曾说："最大的失败是放弃，最大的敌人是自己，最大的对手是时间。"作为管理者，不要因为"不了解""不会做"，就放弃"思想团建"，而要不断挑战自我，打破现状，带领员工共同前进。

思想团建如此重要，那么管理者应该怎样开展呢？

4.2.2 管理者做好思想团建的"一个中心、三个基本点"

我在阿里工作了近十年，组织并参与了不少思想团建活动，根据过去的经验，我总结了阿里思想团建的具体方法（见图4-2），旨在帮助管理者做好思想团建，统一团队成员的思想，让团队内部成员达成共识，用"一颗心"在"一张图"上打仗。

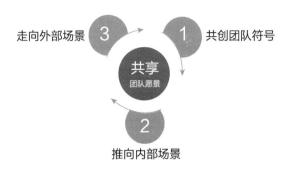

图4-2　阿里做思想团建的"一个中心，三个基本点"

一、一个中心：共享团队愿景

纵观如今的几大互联网巨头企业，有的企业的创始人是技术出身，例如李彦宏；有的企业的创始人具备产品思维，例如马化腾。而马云曾是一名英语老师，是一个不懂产品也不懂技术的人，那么马云为什么能够成功呢？

答案便是"梦想"。马云将阿里变成了一家有梦想的企业，也让自己的团队变成了追逐梦想的团队，让梦想成为成功的基因。而思想团建的关键便是共享团队梦想、愿景。

团队愿景与梦想不是管理者赋予的，而是员工在接纳企业文化与价值观的过程中，产生的具有共性的思想。共享团队愿景，要求管理者遵循以下四个原则。

1. 管理者要全然地相信梦想

首先管理者要有清晰的愿景，要全然相信梦想，并饱含激情地去追求它，一个团队思想团建的最高水平，就是把我的梦想变成我们的梦想。这是每个管理者都渴望达到的目标。共同的梦想是团队发展的驱动力，能够提高团队效率，创造业绩。

管理者可以通过下面的"灵魂三问"，来确定自己是否做到了这一点。

第一问：我有清晰的梦想和愿景吗

清晰的梦想与愿景是团队一切发展的出发点。管理者的梦想与其身上的特质决定了这支团队的特质。

第二问：我全然地相信梦想吗

作为团队的管理者，要拥有坚定的梦想才能带领团队往一个明确的方向去努力奋斗，才能让梦想成为达成目标的驱动力。

全然地相信梦想，是每一个合格的管理者都必须做到的事情。有许多管理者问我："王老师，你在阿里收获最多的是什么？"思来想去，见证并且参与了梦想的成真过程是我在阿里最大的收获。这个收获让我发自内心地相信梦想。

带着坚定信念的管理者是企业、是团队的主心骨，不仅会让自己向更好的方向发展，还会促进企业向上发展。

第三问：我饱含激情地去追求梦想了吗

管理者需要用实际行动证明自己在追求梦想，这样才能用梦想的力量去感染、鼓励每一个员工。

思想团建就是通过物理的接触促成化学反应。管理者在饱含激情地追求梦想的过程中，会做出很多激励人心的事情，赢得大大小小的"战争"的胜利，这会让团队成员在接触到管理者的梦想时，产生共情，将管理者的梦想变成自己的梦想，并为之共同努力奋斗。

2. 将团队成员的个人愿景与团队愿景进行深度对接

当个人愿景与团队愿景深度对接时，员工就会与企业命运相连、荣辱与共，企业中的每一个人都变成了"一根绳子上的蚂蚱"。换句话说，就是整个团队形成了命运共同体。

管理者要建立命运共同体，应该先明确你的团队是利益共同体，事业共同体，还是命运共同体。这三者的性质是完全不同的。

利益共同体以利益为纽带将员工联系起来，但在公司面临较大的挑战时，利益共同体可能会立刻瓦解，员工纷纷"大难临头各自飞"，管理者要想让团队一条心，光靠利益是不行的；事业共同体是通过建立合伙人制度，实现价值共创、风险共担、收益共享的团队机制，它加强了员工与企业、员工与管理者之间的联系；命运共同体包含了利益共同体与事业共同体，是在文化认同、企业忠诚、创业激情与工作热情方面引导员工实现企业发展与个人利益相统一的团队机制。

3. 让团队成员共同看见目标

阿里组织能量图里有一句话叫共同看见。因为看见，所以相信，这是阿里让员工看见梦想、看见希望的方式。作为管理者，我们一定要引领团队去实现团队共同的目标，然后带领员工一起为之奋斗。

在阿里，不管是 1000 万元的目标还是一亿元的目标，都不是管理者一个人的目标，管理者需要做的就是让每个员工都看到这个目标，然后将这个大目标一一分解成员工可以达成的小目标，让员工去实现自己的小目标。这让员工不仅共同看见目标，也会为共同的目标奋斗。

通过共同看见，可以促进团队形成一种"生成一系列战略-团队执行和客户反馈-改进战略"的良性循环。

4. 带领团队随时随地庆祝胜利，从胜利走向胜利

在进行思想团建时，让团队成员感受到成功的喜悦是必不可少的过程。

在我曾经参加的一次思想团建中，负责人安排了"狼人杀"游戏，目的在于唤醒员工的"狼性"，激发他们"赢"的欲望，而"赢"也是每一个团队或企业的梦想。通过思想团建，可以让每一位员工共同坚持梦想，随时随地庆祝胜利，这个过程就是一个不断打胜仗的过程，从胜利走向胜利，用一个一个小胜利铸就整体的胜利。这才是最有效的思想团建。

正如阿里如今的掌舵人张勇所说："最好的团建方式，就是从胜利走向胜利。"例如，每当"双十一"活动的数据再创新高后，大家都会欢呼雀跃，然后以更加高昂的斗志去迎接下一年的"双十一"活动。

通过坚守这四个原则，管理者能让团队成员意识到：我们是一群有情有义的人，在为了共同的愿景奋斗、努力。这时，团队就会充满了激情，充满了干劲。

二、第一个基本点：共创团队符号

管理者做好思想团建的第一个基本点是共创团队符号。团队符号包括团队名称、团队 Logo、团队口号和关键词。团队名称应该是由团队所有的成员共同决定的，是团队凝聚力的体现。好的团队名称对团队有激励作用，并寄托着团队共同的目标、理想或者想法。

例如，我在阿里带的四个团队："滨海时代""赢""大航海""大北辰"。这些团队名称都是团队成员一起决定的。团队中的每个人都想四五个名字，然后筛选、投票，最终达成一致。

以"大航海"为例（见图4-3），起这个名字是因为团队建立在天津滨海，一看名字就是与海有关系、与船有关系，而且一提到"大航海"，有人就可能会想到大航海时代开辟了新航路。这个团队名称寄托着团队的理想，即通过团队共同的努力，为团队的业务开辟一条新航路。

图 4 –3　"大航海"团队的团队符号共创内容

当团队名称确立之后，团队口号也就呼之欲出，比如"大航海"这个名称对应的团队口号就是"大航海，这是我们的船"。

那么，与之相对应的关键词又该如何设定呢？关键词设定的原则是：团队内部缺什么补什么。当时我们团队的业绩不好，执行力非常差，目标感不强。同时，团队内的新成员很难留下来，人员流动十分频繁，老客户也难以维系，说断约就断约。这是我们团队当时存在的最严重的问题，于是我帮助团队确立了三个关键词：执行力、言出必践、不抛弃不放弃。

在确立了这些团队符号后，我找了一张图片，上面是一艘航行的船，我在上面配上标语——"大航海，这是我们的船"，并且在图片下方配上"乘风破浪会有时，直挂云帆济沧海"。

管理者通过不断强调关键词，潜移默化地影响员工的思维方式，从而提升员工的积极性和员工的工作效率，做到"日事日毕、日清日高"。

有一次，我们团队的业绩目标是 100 万元，结果到了最后三天发现还差近 30 万元，如果在以前，大家很可能就放弃了，但当大家念出"言出必践"这一口号时，都不愿意去放弃，在三天内，拼命拜访客户，最终达成了100万元的目标。通过共创团队符号，反复强调团队口号，我们团队的新签率和续签率从区域排名垫底变成了第一名。

团队符号除了具有激励作用之外，还承载着企业和每一个成员的使命，能够强化员工的责任感。例如，我如今带领的团队"知行"便承载着我们整个团队的使命与愿景。

图4-4 "知行"团队共创的团队符号

综上所述，共创团队符号可以促进团队成员形成统一思想，使每一位成员能为团队的共同理想艰苦奋斗。

三、第二个基本点：推向内部场景

管理者做好思想团建的第二个基本点是推向内部场景。

常常有管理者问我："我的团队也有口号，可为什么员工都不按照口号去做，让口号落空呢?"这种情况并不少见，究其原因，就是管理者虽然制定了口号，但并没有把口号内容全面地推到内部场景中，没有让团队成员达成共识。简言之，就是没有做好口号、关键词的内部推广工作。

管理者需要把握一切时机，不断地、反复地提起我们的口号和关键词，让团队成员形成根深蒂固的记忆，然后不知不觉地按照这个标准去做。

在阿里，我常常会在这些场景中强调团队口号。

1. 邮箱、短信

在带领"大航海"团队时，我把写有团队名称、Logo、口号、关键词的图片放在内部邮件的开头。邮箱是工作沟通中使用最频繁的工具，我每天都要发 8、9 封邮件，发给团队内部、其他区域伙伴甚至全国的合作伙伴。而在阿里的工作中，邮件是必备的信息沟通工具，员工每天都会看，每看一次邮件，就会使他们加深对团队口号的印象，堪称传播效果最佳。

短信是另外一种使用频繁的沟通工具，我每天早上给团队统一发短信的时候，最后一句话一定是"大航海，这是我们的船"。一开始团队成员没有反应，但两个月后，就发生了化学反应，团队成员只要是群发短信，最后一句话也一定是"大航海，这是我们的船"。

后来，我们团队获得的荣誉越来越多，这让我们开始走上了大区的舞台，分享经验，每一个成员在舞台上都会说"大航海，这是我们的船"。管理者通过在内部推广团队口号，可以让员工认可团队的文化，让团队成员凝聚在一起，上下一心。

2. "三报""三会"

日报、周报、月报和早会、晚会、月会，是管理团队最常使用的工具，也是非常好的向内推行团队口号的场景。

我曾在早会上问过团队成员："你们相信团队的梦想吗？"大多数人沉默不语。后来，我经常在会议中强调团队口号，让团队成员一起喊口号。三个月后，我发现有成员开始在早会上做有关"梦想"的分享，当该员工说完后，响起了雷鸣般的掌声。这就是团队口号的魅力，可以增加员工的认可感与归属感。

3. 培训、分享大会

在培训、讲课的过程中，我会多次强调团队的口号，让团队成员形成共识。在团队中，分享非常重要，除了我自己非常喜欢分享之外，我常常授意团队成员，但凡进行分享，无论是在团队内部还是区域舞台上，都要将我们的团队口号展示出来。

在不断将团队口号向内推行的过程中，这些理念在团队内部形成了影响力，这种影响力比它实际带来的价值更有意义。

四、第三个基本点：走向外部场景

管理者做好思想团建的第三个基本点是走向外部场景。

我在阿里带团队的过程中，做了很多客户活动，包括客户论坛、客户沙龙、交流会和上门走访等，在这些活动中，我们做了大量的海报、发了大量的邮件和短信，其中必不可少的元素就是"大航海，这是我们的船"。

最好的营销就是思维理念的营销，通过在各种各样的场景中宣传我们的团队口号，客户对我们产生了深刻的印象。以前客户可能知道是某位员工在为他们做事，却往往不清楚是哪个团队在做，如此一来，我们的客户都清楚地知道了是"大航海"团队在为他们服务。

后来，阿里有一次举办年会，邀请了很多客户一起参加，总共有1600人。当时我们的团队获得了一个奖项，当我们上台领奖时，其他区域的伙伴和客户一起在下面为我们加油，大喊："恭喜大航海，大航海，这是你们的船。"

我们的团队口号在客户心中留下了深刻印象，让客户在有需求时，瞬间会想起我们团队。

思想团建就是通过一个简单的名称、一个简洁的口号、一个简单的图片、一个内部场景、一个外部场景，让团队凝聚起来。这些都是我们要做到的，让这些东西凝聚团队成员的心。每一个成员因我们的团队而骄傲，我们的团队因每一个成员而精彩。

4.3 生活团建，营造 "家" 的氛围

"因为我们是一家人，

相亲相爱的一家人，

有福就该同享，有难必然同当，

用相知相守换地久天长……"

用这几句歌词来形容阿里人对阿里的情感最贴切不过，在阿里，他们不仅是可以共度危机、并肩作战的战友，还是可以一起吃饭、交心的家人。让团队既有严格的纪律，又有家庭般的温暖。阿里是如何做到如此境界的呢?

答案是：阿里用生活团建营造了家的氛围。例如，阿里的 "裸心会" 便在其中发挥着重要作用。

4.3.1 阿里的 "裸心会"

阿里有一句话："因为信任，所以简单。"但信任的建立并非易事，如何让员工与管理者之间心无芥蒂，是很多管理者面临的问题。

为了解决这个问题，阿里建立了一个独特的 "裸心会" 机制，提倡 "赤裸相见"。为的就是让员工和管理者能够敞开心扉地聊天，讲讲自己是如何成长起来的，管理者只有了解员工的故事，才能真

正认识他。

阿里"裸心会"的逻辑是要让团队成员把自己的内心放开，在团队里做互动和分享，把自己心里最真实的东西表达出来。如此一来，团队成员之间，管理者与员工之间才能够像家人一样相互包容和接纳，团队只有充分信任，才能共同做事。

事实上，"裸心"并不是阿里的独创，它是有管理理论做支撑的，其背后的原理来自于"约哈利窗"理论。

运用"约哈利窗"理论，管理者能通过"裸心"找出团队成员的信息盲点。根据"约哈利窗"理论，一个人的信息可以分为以下四种。

公开：公开是指大家都知道的事情，即别人知道管理者也知道的部分，比如员工的学历、长相、肤色、高矮胖瘦、体型、性别等。

盲点：别人知道管理者却不知道的部分，比如员工的缺点、局限、自认为对员工很好可实际上员工却不这样认为等。

隐私：别人不知道但管理者自己知道的部分。比如，发生在员工生活当中不为人知、也不愿意让别人知道的一些事。

潜能：即别人不知道管理者也不知道的部分。比如，员工将来能取得怎样的成就、未来所释放出的光彩与能量。潜能是任何人都不清楚、蕴藏在生命深处最卓越的能力。

团队成员告诉管理者并不清楚的事情，这样的方式叫回应；员工公开管理者不知道的信息，这样的方式叫作披露隐私。当团队成员和管理者都这样做的时候，就会激发出团队的活力，让团队彼此信任。在团队中，最可怕的就是沟通黑洞，即不响应信息，屏蔽自己的信息不告诉他人。

管理者首先要能够搭得起"场子"，让团队成员彼此敞开心扉。

这个"场子"就需要管理者走进每一位团队成员的内心，知人心、懂人性、识人欲。更重要的是，管理者也要让员工走进你的内心，这也是一种信任，信任的建立是相互的。

一个组织想要不断扩大，前提是组织成员之间彼此互相了解；一个团队要想打胜仗，前提是团结互助。让团队成为相亲相爱的大家庭，让员工之间的关系成为可以把后背交付出去的兄弟关系，是管理者工作的一大重点，也是团队建设中的一大难点。

"赢"的状态是团结，团结之前是"裸心"。管理者应该明白，"裸心"的最好状态是团队成员既能因一个观点而争吵，又能一致对外并肩作战。那么，管理者在做生活团建这一基本动作时，需要注意什么呢？

4.3.2　做好生活团建的"三个关键点"

管理者在开展生活团建时，需要注意"释放点""甜蜜点""记忆点"这三个关键点（见图4-5）。

图4-5　做好生活团建的三个关键点

一、释放点

"释放点"就是管理者要让员工敞开心扉、释放情感，从而让团队成员在情感上相互接纳、包容。阿里寻找员工释放点的方式主要有以下几种：

1. 成长礼

卫哲在加入阿里三年时，阿里给他做了一场"三年成年礼"活动，马云组织了阿里的整个高管团队对他进行了现场的"炮轰"，还邀请了柳传志、史玉柱这些外部人士一起参与，那次的两个半小时对卫哲产生了极大的心灵震撼，那次生活团建让卫哲的情感得到了释放，并让他真正融入阿里，摆脱了"精英空降兵"的身份。

2. 烛光夜谈

"烛光夜谈"就是管理者挑一个时间，召集大家坐在一起敞开心扉聊聊天。在这个过程中，管理者一定要管住自己的嘴，认真倾听团队成员内心的声音。"烛光夜谈"不光是聊工作中遇到的问题，更多的是倾听员工的心路历程，了解员工的成长路径。通过这样的形式，管理者可以走进员工的内心，了解他们的真实需求。

3. 情感过山车

首先，给每位员工一张白纸，让其在这张白纸上画一个轴，上面是正数，下面是负数，中间轴是员工从出生到今天的经历情况；然后，告诉员工，从他有记忆的那一刻开始，当他觉得某一时间点是人生高潮的时候，就把它标记在正数上，当他觉得某一时间点遇到了人生的低谷，就把它标记在负数上；随后，把标记的这些点连起来，形成一个人的人生情感和经历的曲线图，阿里将这个过程称为"情感过山车"。

最关键的一步是，管理者要把团队成员聚在一起，让每个员工根据"情感过山车"讲述自己的经历。"情感过山车"这个工具能够很快地让大家了解到对方，团队成员身上的一些不为人知的秘密会慢慢浮出水面，让大家的心渐渐靠近。

管理者需要注意的是，在做"情感过山车"时，一般原计划是两小时，但大多数时候会超时，这很正常，管理者不需要特意压缩时间。如今人们的生活压力很大，身处职场的人既要认真工作，又要兼顾家庭，往往生活在"苟且"之中。所以当有机会倾诉内心的委屈时，都会感慨万千，有时说到情深之处还会流泪，这都在情理之中。

在这个过程中，管理者会对团队内的成员有更加深入的了解。比如，之前我团队中有一个员工非常"抠门"，吃饭从不请客，常常因为三五元钱都能计较半天，大家都对他没有什么好感。但在某次"情感过山车"之后，我们才知道他来自于一个非常贫困的山区，从小到大都生活得非常艰难，所以他异常节俭。当我们了解了这些情况之后，自然不会再去苛责他，而是站在他的角度去思考问题。

"情感过山车"是一个非常好的让团队成员彼此之间"裸心"的工具，不管我是在阿里带团队时，还是如今带自己的创业团队，我都会使用这个工具让大家彼此"裸心"。只有裸心，团队之间才能真正地彼此感知，真正地共情。

4. 拳头与玫瑰

团队中的每一个成员，都分别拥有一个"拳头"和一朵"玫瑰"。管理者将员工组织起来，让团队成员自由支配自己手中的"玫瑰"和"拳头"。

"玫瑰"表示赞赏。如果在工作中，你非常认可某一位员工或者某些员工的品质，你可以表达出来，并将"玫瑰"送给他。"拳头"则是指你认为某些成员在工作上存在问题，你可以将问题指出来，并告诉他相关的改正方法。

将"拳头"与"玫瑰"应用到位，能够让团队内的成员更加了解自己的长处，并持续发扬自己的优势；也让团队成员敢于正视自己的不足，并获得改正的方法。

阿里一直认为，团队不仅仅是一个职场，更是一个情场。如果每个人都只把这里当作职场，那么每个人都只会关注自己的目标，把其他成员当成可利用的资源，当企业面临危机时，所有人都会想着尽快离开。可若是将团队当成情场，那么我们将时刻关注每一个团队成员的成长，关注每一个团队成员的喜怒哀乐，当危机到来时，大家一定会同舟共济，患难与共。

总而言之，做好情感释放，是最基础的生活团建方式。

二、甜蜜点

"甜蜜点"是一个能让团队成员为之感动的环节（见图4-6）。打造"甜蜜点"的一个最好的工具就是给员工过生日。

甜蜜点：
感受温度

❷ 不在于形式

❶ 要能体现团队的温度

图4-6 甜蜜点的两个层面

事实上，如今很多企业也会采用这种方式来做生活团建，但往往做着做着就会流于形式。给员工过生日，看似简单，但其重点不在于形式而在于用心，在于甜蜜的情感。即使没有蛋糕也没关系，可以用别的东西来代替，重要的是，让过生日的员工感受到情感，感受到温度。

我记得我在阿里带团队时，有一次，团队里有一位员工过生日，我们大家凑钱买了一个小小的礼物寄给他的母亲。大家可以想象一下，这会让那位员工的内心产生什么样的触动？

在制造"甜蜜点"的过程中，我们常常会使用"五个一"工程（见图4-7）。"五个一工程"就是管理者在一年的时间里，至少要带着团队成员开展一次体育活动、一次娱乐活动，进行一次集体聚餐，和每一位员工进行一次深度交流，做一件感人的事。我在阿里时力求每个月都能做一遍"五个一"工程，实在完成不了的话，两个月内一定要完成。因为这些方式，能够让大家真真切切地感受到团队的关怀。

图4-7　生活团建落地的"五个一"工程

从某种意义上讲，和员工做一次深度沟通是最有效的情感投资。管理者在与员工进行深度沟通时，至少要花80%的时间倾听，20%的时间反馈，让员工明白你将他的话听进了心里，从而让员工敞开心扉。随后，管理者再运用同理心，站在员工的角度去思考并做出反馈。

做一件感人的事，不在大小，关键要做到员工心里。例如，阿里为员工的父母支付体检费用，为员工提供30万元的买房无息贷款，为员工举办集体婚礼等，这些都是令员工感动的事，是阿里抓住员工的心的方法。

管理者组织一次体育活动，就是要让员工感受到奋斗的力量。

例如，我曾经带我的团队爬长城，员工在成功爬上长城后，产生了自豪感，感受到奋斗的力量，激发出了他们"赢"的欲望。

组织一次娱乐活动，通常与集体聚餐连在一起，目的便是让员工们能够打成一片，没有隔阂，能够玩到一起。

管理者在制造"甜蜜点"时，一定要遵守一个原则，就是注意结果背后的结果。给员工过生日，仅仅是为了过生日吗？当然不是。是想通过过生日的方式，形成一种团队关怀员工的氛围，让员工知道公司和管理者对他的关心和重视，这就叫结果背后的结果。像过生日这种小小的团建，其重点不在于形式而在于用心，在于让员工感受到甜蜜的情感。

再比如培训，培训的目的并不是培训本身，而是通过培训去营造一种成长学习的氛围，激发员工对于成长的渴望，并不断地养成自主学习的习惯。所以在做"五个一"工程时，管理者不能简单地为了进行一次沟通而去沟通，为了进行一次体育活动而去活动，而是要通过组织这样的团建活动，让员工感受到温暖，让员工融入团队。

三、记忆点

"记忆点"是指一场团建给团队成员留下长久的记忆存证（见图 4-8），比如视频、照片等。

图 4-8　记忆点的两个层面

虽然如今有很多企业也会留下各式各样团建的照片或视频，但大多只是挂在文化墙上作为装饰罢了。为什么没有达到生活团建的目的呢？不能引发团队成员的回忆呢？

主要原因是管理者没有让团队成员之间形成互相关怀、互相帮助的氛围，如果没有这种氛围，那么你的生活团建就是失败的。

我在阿里带团队的时候，每个月都会带团队做一次生活团建，比如带有活力的成员集体去踩动感单车；带文艺感十足的员工去大海边散步；带年轻的成员去打羽毛球……每一次团建，我都会存下照片，回来后，我会写上一封情真意切的邮件，发给每一位团队成员。这些照片，我到现在都还保留着。下面就是我在 2011 年带团队成员做团建后发的邮件，邮件里附的是照片（见图 4 –9）。

图 4 –9　2011 年带团队做团建的邮件

当一个员工在一家公司工作三年之后，最好的礼物，就是将他这三年生活中的点点滴滴，做成视频、照片等放映出来。当他看到这些东西，能非常直观地感受到自己一路走来付出的努力以及得到的收获。从初进公司时的青涩，到签下第一单时获得的快乐，再到获奖时的骄傲等，这些经历都见证了他的成长，让他更懂得了责任与感恩。

当这位员工陷入回忆时，无形中也给其他员工带来了感动，让团队更加具有凝聚力，员工更有归属感。这些都是我们在生活团建中需要去做的事，管理者要善于做一个有心人。

以上就是管理者做好生活团建的三个关键点，一场生活团建能有这三个关键点，就能达到团建的目的。让一个团队如同一个家庭一般，有福同享，有难同当，相互扶持，共度危机。

4.4 目标团建，从胜利走向胜利

"心要大，脚要实。"是阿里土话之一，马云认为："梦想要远大，目标要高，但一定要脚踏实地，否则一样走不远。从来没有不需要抵抗重力的飞翔，如果你的才华配不上梦想，脚步跟不上目光，那么所谓梦想就不过是一念幻想。"

目标团建便是阿里将梦想化为现实的重要管理动作，可以让团队成员齐心协力，共同为了梦想而不断努力，从胜利走向胜利。

4.4.1 "战争"是最好的目标团建方式

在阿里，"战争"被视为是最好的目标团建方式。团队成员在一起吃喝玩乐是一种团建，但最完美的团建是一起去达成目标。很多 Top sales（顶级销售员）转型成为管理者时，总喜欢单打独斗、自己奋力拼搏，其实带着团队去拼搏，才是最好的团建方式。

这种带领团队打仗的传统在阿里是被慢慢沉淀下来的，任何一个团队，任何一个部门都是通过这种方式走过来的。

我们不太可能改变一个人的本性，但我们可以通过一场场"战争"去激发团队。当团队在战场上不断地接受考验，久而久之就可以适应当下环境中的规则。不管环境变得多么恶劣，只要你能够坚持下来，你就可以成为最后的英雄。

比如阿里的"百团大战"。"百团大战"是阿里对外贸公司优秀员工组织的一次比赛，旨在通过比赛的形式，使得外贸人员开发自己的潜力，提升自己的能力，间接地给企业培养优秀的员工。由于阿里巴巴是为众多中小企业服务的平台，参与者众多，故称"百团大战"。

在阿里，每年的 3 月、6 月、9 月、12 月均为中供铁军的"大战月"，几乎每个"大战月"都能塑造出众多的标杆和榜样，几乎每个"大战月"都能完成以往单月业绩的两倍，甚至更多。如今，众多的阿里平台企业加入到阿里"百团大战"的战斗中，在阿里人的指导下，经过专业的培训，均创下了业绩的新高。

可以说，如果没有这样的"战争文化"，就没有中供铁军的魂，没有中供铁军就没有今日的阿里。成功不是说出来的，也不是做出来的，而是拼出来的。是一群人，放下所有杂念，奋不顾身，用汗水闯出来的。

如何让一个业绩普通的员工实现突破？如何让一个员工的业绩从 30 万元提升到 100 万元？这不是管理者简单说几句话就可以实现的。如果管理者不能去搭建这种舞台、不能提供这种场景，如果管理者不能激发员工"燃爆"的状态，员工怎么能突破现状呢？

所以，战争最好的一个功效就是帮助团队成员找到最真实的自我，突破极限。管理者要搭起舞台、营造场景，让团队成员在这个舞台上尽情表演，尽情绽放，让他们用业绩去铸就成就感。

如今业内很多人说到阿里的中供铁军，都会竖起大拇指，然而中供铁军的精神不是现在的阿里人铸就的。阿里规定，工号在 2 万号以后的员工不能称为中供铁军。因为这些员工没有经历过残酷市场的淬炼。

对于管理者来说，每一次战争都是管理能力、领导力最好的修炼。管理者是否相信目标？能不能带着团队去打赢这些仗？这些都是对管理者自身最大的考验。

我在阿里带的第三个团队是"大航海"团队，我当时接手的时候，这个团队的业绩指标都处于落后地位。我用了一年半的时间，把这个团队的业绩提升到了大区第一名。用团队成员的话来说："一个傻子进去，每个月也能像机器一样转出来，做出业绩。"

如果说中供铁军的魂是团队，那团队的核心就是执行力和团队精神。我还记得，我带着"大航海""打仗"时，所有的细节我们都会在一起讨论，大家一起执行。为了打大量的电话，团队每个人都有两块备用手机电池。我把主要精力用在围绕员工的成长、成就、开心三个方面。如"大航海"每天会进行奖罚处置，做得好的人，每天晚上被邀请做分享，让他体会到成就感，做完分享之后，团队每天进行总结；每个星期天晚上，所有员工都聚在一起开周会。

4.4.2 "战争三部曲"

"战争三部曲"即大战前激发状态、大战中做好黄金五件事、大战后把荣誉带给团队。这些内容在 1.3 节中已经详细阐述过，在此不再赘述。

总而言之，"目标团建"让团队走上圆梦的道路，将梦想分割成一个又一个目标，让团队不断地达成目标，赢得一次又一次的胜利，逐步获得成长。正如朗费罗在《人生颂》中所说："我们命定的目标和道路，不是享乐，也不是受苦；而是行动，在每个明天，都要比今天前进一步。"

想一想 作为管理者，你曾经组织过哪些形式的团建活动？这些团建活动有作用吗？具体有怎样的作用？在了解阿里的团建活动后，你有什么新想法？

PART 5

———

第 5 章

激发个人梦想，传递组织文化

———

激发个人梦想，传递组织文化的底层就是赋能员工。 在阿里，赋能员工主要包括让员工相信"相信"的力量；激发个体内在的创造性张力；激发他人与团队的力量；开展自我修炼，实现自我超越。

5.1 管理者的首要任务是赋能予人

为什么"90后""00后"员工这么喜欢"跳槽"？

为什么这么高的工资还是招不到合适的员工？

……

这是我经常听见的一些来自管理者的抱怨。马云总结了两个原因：钱不到位和干得不爽。进入了互联网时代，"90后""00后"员工获取职业信息的渠道更为便捷，他们更愿意活出自我，为了自己喜欢的生活而活。因此，当他们在岗位上无法获得相匹配的物质或者精神食粮时，便会毫不犹豫地离去。

这不仅是年轻人观念变化的结果，也是时代发展的必然结果。UVCA（易变性、不确定性、复杂性、模糊性）时代，传统的管理方式已经不再适用，赋能是这个时代的关键词，只有关注人的成长，成为价值型组织，才能在变化中生存下去。

如何吸引年轻员工、用好并留住优秀人才，是每个管理者不得不思考的问题。

其实早在2008年，阿里第一次提出新商业文明的时候，曾鸣就已经意识到这一问题，当时的阿里虽然在试图建设互联网的商业新模式，但阿里的组织管理却沿用了工业时代最传统的管理方式。

思索良久，曾鸣提出："未来组织最重要的原则已经越来越清楚，那就是赋能而不再是管理或者激励。"

由此，阿里的管理方式开始发生转变，而阿里的管理者基本运作的核心和底层逻辑也是赋能予人。

刚开始，曾鸣在讲赋能时，更多的是从管理学和组织的角度解释赋能：怎样让员工有更大的能力，去完成他们想要完成的事情？他所指的赋能的赋予者是组织。

时代在变，组织在变，人也在变。几年后，阿里再谈赋能时，已经不再局限于组织，赋能的赋予者更多地向管理者转变。作为管理者，其首要任务就是赋能予人。

有句话说得好，如果你的企业只需要用"一双手"，为什么要用"一个人"呢？反过来说，既然你雇用了人才，就不该让他仅用一双手来接收指令，而是激发他的自我价值，不断去提升组织效能。

基于这样的理解，我把赋能定义为：管理者如何激励员工更好地发挥自己的价值（喜欢与热爱工作、自我价值的感知）。

也就是说，管理者需要通过采取有效措施激励员工，让员工爱上这份工作，并且实现对自我价值的感知。

那么，一个管理者该如何持续地激励员工呢？

这个话题很大，我们首先要知道员工的需求到底是什么。如果一个管理者连员工的需求都不知道，那就谈不上激励了。作为管理者，你要知道在公司工作了一年的员工需要什么？工作了三年的员工需要什么？工作了 5～10 年的员工需要什么？这些是管理者需要弄清楚的事。

事实上，一个员工的需求对应的是他成长历程的心理路径。这一点，我们可以参考马斯洛需求层次理论（见图 5–1）。

根据马斯洛需求层次理论，每个员工在不同的层级上产生的需求是不一样的，而需求的层次是由低到高的，只有当最低需求（比

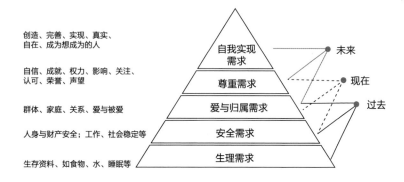

创造、完善、实现、真实、
自在、成为想成为的人

自信、成就、权力、影响、关注、
认可、荣誉、声望

群体、家庭、关系、爱与被爱

人身与财产安全；工作、社会稳定等

生存资料、如食物、水、睡眠等

自我实现
需求

尊重需求

爱与归属需求

安全需求

生理需求

未来

现在

过去

图5-1　马斯洛需求层次理论

如生存）得到满足之后，才会产生更高层次的需求（比如成就、价值）。因此，针对处于不同阶段的员工要采取不同的激励方式，这样才能更好地达成所期望的效果。

当年轻一代的员工需求发生改变时，管理者采取的激励方式应该也发生改变。让我感到遗憾的是，如今还有很多管理者对年轻的员工采取管控和驾驭的方式进行管理，这是一种非常错误的管理方式。如今，企业应该给员工发三份薪水（见图5-2）。

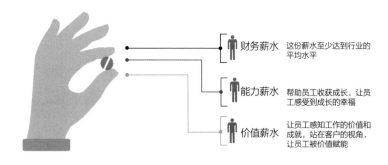

财务薪水　这份薪水至少达到行业的
平均水平

能力薪水　帮助员工收获成长，让员工感受到成长的幸福

价值薪水　让员工感知工作的价值和成就，站在客户的视角，让员工被价值赋能

图5-2　现代企业应该给员工发的三份薪水

对于新一代的年轻员工，特别是"90后"员工，激励已经不再是简单地让员工挣到钱，而是让他们在工作中收获成长的快乐和

幸福，感知到工作的价值，获取成就；喜欢与热爱这份工作，并把这份工作做到极致。管理者要有激励员工感知价值，并且实现价值的能力。

正如德鲁克所言："对于工作的外在奖励，如酬劳、升迁，若是员工有所不满，会造成工作动力降低；但对这些因素满意，于员工而言却又并不是最重要的，真正激励员工最重要的动因是成就、贡献和责任。"

成就、贡献与责任属于尊重需求与自我价值需求层次，管理者在激励员工时，需要结合马斯洛需求层次理论，满足员工的需求，为员工提供驱动力。进而让员工从喜欢工作到热爱工作，并感受到工作中的价值，愿意为了工作而不断奋斗。

5.2 赋能予人，相信 "相信" 的力量

一提到阿里，大部分人的第一反应就是：这是一家由使命愿景驱动的公司。的确如此，马云一再宣扬，阿里是价值观之上的公司，公司所有的策略、战略都是基于价值观。十几年来，阿里人最常说的一句话就是：相信 "相信" 的力量。这是阿里价值观的核心内容之一，也是阿里赋能予人的核心，更是阿里度过危机的精神支柱。

这个道理说起来容易，但要实际做到确实不易，阿里通过十几年的努力才有如今的成就。那么，阿里是如何让员工相信 "相信" 的力量呢？

5.2.1 "相信" 的三个关键点

管理者要想做到让员工相信 "相信" 的力量，其实是有一条清晰的路径的，这条路径里有三个关键点：自信、信他、相信（见图 5 - 3）。

一、自信

有人曾说："任何的限制都是从自己的内心开始的。"管理者要想让员工相信，首先就需要打破自己内心的限制，将坚定的信念传递给员工，如此才可能让员工相信。

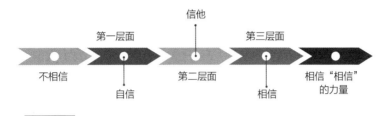

图 5-3　员工相信的路径

　　阿里创建的那一年，有多少人相信电子商务有未来？2003 年淘宝上线，有多少人会预料到它如今的发展情形，能预测到它对中国的巨大影响？2004 年支付宝上线，有谁会相信小微金服会对中国金融产生如此大的影响？

　　可正是因为马云能用长远的目光制定目标，才能预测到这些发展趋势，从而获得成功。对于这些成功，马云曾说："有很多运气的成分。但是不管是运气、努力还是勤奋，有样东西支持着我们，这个东西很重要，就是理想主义。"他还提出了"未来我们坚持什么？未来我们坚持的第一个品质是理想"的观点。也正是对理想的坚持才让阿里成功地成为世界十大网站之一，并让大家相信"活八十年"不是空想。

　　阿里在 2002 年确定的"让天下没有难做的生意"的使命，也曾遭遇过质疑，被人认为是空想。但马云将理想现实主义化，用十几年的实践成果打消了这些质疑声，并将"虚"的企业使命与价值观落实在了每一次行动之中，给人们的生活带来了巨大改变。正如马云所言："世界上看得到的东西不可怕，能预测的东西不可怕，最可怕的是看不到的东西。虚的和实的，虚的比实的更可怕，把虚的做实了才是最可怕的。"

　　"人之所以伟大，是因为他与别人共处逆境时，别人失去了信心，他却下决心实现自己的目标"。马云相信梦想可以实现，相信可以带领团队取得成功，才为阿里带来了如今的辉煌。

由此可见，自信对一个人而言十分重要，可以成为个人向前奔跑的动力。管理者需要坚定信念，给员工带来希望，让员工愿意跟随。

二、信他

信他就是让员工愿意相信团队、队友，并愿意将后背交给队友，这是阿里能够度过危机的关键。

我在为企业做管理培训时，曾有一位管理者向我讲述了他带领团队的经历。过去，他带的团队成员之间没有信任感。团队成员表面上一团和气，背地里却是三心二意。打小报告、传流言等行为在团队里时有出现。这使团队成员在工作中也不敢提出自己的建议，害怕被"穿小鞋"。等他发现这个问题时，团队已经人心涣散，一点小事也能牵扯到不少人。他决定立即采取行动，首先把几个一直"搅浑水"的员工开除出团队，然后通过定期开展"同心会""动员会"等活动来消除员工之间的隔阂。

如今，这位管理者的团队已经发生了巨大的改变，团队成员能够毫无顾忌地指出对方的问题，在讨论问题时各个成员会争论得"脸红脖子粗"，但在面临困难时，却能同心协力，同甘共苦。

在团队里，任何事情都能拿到明面上来说，而不是在背后议论，这样才能促进团队团结协作，使团队成员能够以他人为镜，在不断地发现问题、解决问题的过程中，让整个团队获得成长。

三、相信

相信就是让员工相信团队的愿景、使命与价值观等。马云曾说："员工相信阿里的使命和愿景，是因为我们真正激发了员工内心的动力。愿景和使命碰在一起，会像化学反应一样，激发出强烈的火花，点燃人们的内心，让大家觉得做这件事情有意义，才会努力做下去。"相信梦想的员工，才会愿意相信企业的愿景、使命。换言之，相信就是将企业的愿景变为员工的愿景。

2006 年，我进入阿里，知道了阿里的使命是"让天下没有难做的生意"，可我并不了解这一使命。当时，我的目标是挣到钱，好好活着。而马云通过演讲告诉我们："在座的所有伙伴们，在 5 年之后都会成为百万富翁！"那时的我一个月才挣 1500 元，5 年后年薪达到百万元，简直不敢相信。因此，每次到杭州听马云演讲时，我都觉得他是在忽悠人。

可是，马云曾经说过的话都在慢慢变为现实，在这个过程中，我从不信马云转变为发自内心地相信马云，相信他将会带领我们实现共同的梦想。这是我的转变，也是众多阿里人的转变。正是这种转变，才让阿里全员在面临危机时，能团结一心，携手共进。

5.2.2 "相信"来源的途径

一、管理者的相信

作为管理者，你的相信至关重要，如果连你自己都不信，别人又如何去信？

"为员工担当，为客户担当"是阿里的一个合格管理者必不可少的品质。每次接手一个项目时，管理者都会组织员工设计至少两种方案，即正常操作方案与应急预案，这能够保障员工顺利完成项目，为客户提供优质服务。全面思考让管理者敢拍着胸口说："我们能行！"并将这份自信传递给员工，让员工也充满信心。由此可见，管理者的相信来源于敢担当。

在阿里每次面对危机时，马云会及时启动应急预案，并果断地决策安排，让员工有了主心骨，坚信大家团结一致便能度过危机。

管理者是团队的指南针，管理者正确地导航方向，才能让员工相信。

二、不断地描绘未来的愿景

管理者要通过不断地向员工描绘未来的愿景，激发出员工的激昂的斗志。在这方面，马云做得非常到位。

2012 年，我去杭州参加阿里年会，这次年会的主题是"我们的征程是星辰大海"，地点定在杭州的一个体育馆，会场布置得十分精美。当时，我走进会场，顿时感觉仿佛置身于星空海洋之中，那极其震撼的场面让我至今难忘。马云就是在这样梦幻般的舞台上告诉我们：阿里要成为一家"国家公司"。

就像说到三星，大家都会想到韩国一样，在未来，谈及阿里，大家都会想到中国。这就是马云一直在向我们描绘的"国家公司"的未来。

当时，我们团队的业务范围在 2008 年之前就已经覆盖 200 多个国家了，在这样的数据支持下，我们几乎所有人都对马云的描述深信不疑，并愿意为之拼尽全力。

2017 年，阿里举办了 18 周年年会。此时，我已经离职，可我依旧参加了本次年会。马云站在台上演讲的时候说，通过二十年努力，打造一个网上的经济体，成为"世界第五大经济体"，能够支持几十亿消费者，能够创造 1 亿个就业岗位，能够为 1000 万家企业带来盈利。

在这个世界上，每一个人都很渺小，如果此时有人对你说："跟着我，我将带你改变世界！"你是不是会感觉热血沸腾，想要去大展拳脚？马云便是这个承诺带领阿里人改变世界的人。马云用梦想与愿景拴住了阿里人的心，让每一个阿里人愿意为了梦想而不断奋斗。

作为管理者，我们可以如同马云一样，通过不断地描述未来的愿景，让员工发自内心地想去完成这一愿景。

三、阶段性的胜利庆功

为阶段性的胜利庆功，可以让员工看见梦想一点一点地变为现实的过程，让他们明白自己正一步步向梦想靠近。

如上文所说，每年的 3 月、6 月、9 月、12 月是中供铁军的"大战月"。在"大战月"里，阿里的每一个人都像打了"鸡血"一样，在工作中充满激情，目标感十足。所以，在这几个月里，阿里会塑造出无数的标杆和榜样，对于做出卓越贡献的员工，阿里不仅会给予物质奖励，还会授予相关奖项。

如同阿里一直在强调的"一个人的梦想是梦想，一群人的梦想是一个时代"一样，相信"相信"的力量，大家才能坚持向共同的梦想前进。

5.3 激发个体内在创造性张力的 "三度修炼"

所谓创造性张力，就是指客观现实与实现愿景之间存在一定的差距，而这样的差距会使人们形成一种创造力，促使人们实现愿景。

换言之，当员工具有坚定的信念后，便会不断地通过学习，为实现自己的梦想而努力。当他们没有梦想、愿景时，便会时刻紧盯着现实状况。遇见困难时，他们的第一想法是抱怨，并不是以积极的心态解决问题，而是产生一种向下的引力，给工作与生活带来较多的负面影响。这种引力被称为情绪性张力。

因此，管理者要想成就员工，就应该帮助他们摆脱情绪性张力的负面影响，不断地激发出他们对成长的渴望，从而帮助他们明确自己的目标、梦想和愿景，并在积极向上、自信乐观的心态中实现成长（见图 5－4）。

图 5－4 激发个体内在创造性张力的 "三度修炼"

5.3.1　自我认知

《大学》有言："知止而后有定，定而后能静，静而后能安，安而后能虑，虑而后能得。物有本末，事有终始，知所先后，则近道矣。"其意为：知道自己所要达到的目标才能有定力；有定力才能心静；心静才能精神安稳；精神安稳才能展开思虑；展开思虑才能有独到的心得。由此可见，一个人一定要对自己的目标、梦想、愿景等有明确的认知，才有可能获得成长。

哈佛商学院通常会问学生这样一个问题："告诉我你打算怎样度过你这自由不羁却又弥足珍贵的一生？"

院方会为那些做出优秀回答的学生拍一张照，然后连同他们答案一起装裱起来，挂在自习室的墙壁上（见图 5 - 5）。

图 5 - 5　哈佛商学院自习室墙壁上的照片

你可以想象，当新一届的 MBA 学员入学后，看到刚毕业的学长学姐是这样看待他们的理想的时候，内心会产生怎样的触动？是否能产生一种强烈的、追求卓越的冲动？而在这之后的求学过程中，他们又会以怎样的态度要求自己？

这种方式可以让学生对自己的理想、目标等有一个更加清晰的认知。

阿里同样十分重视帮助员工形成自我认知，在进行入职面谈时，管理者会问新员工以下三个问题：

"你想要什么？"

"你有什么？"

"你能付出什么？"

管理者从以上这三个问题入手去谈，可以强化新员工的自我认知，帮助新员工了解自己的现状，明确自己的目标。古语有云："大学之道，在明德，在亲民，在止于至善。"要知止，就要自知，然后才能不断超越自己，这也是成就员工的底层逻辑。

正如马云所言，谈梦想就是让新员工明白以下问题：我有什么？我想要什么？我来这家公司的目标是什么？在未来的三年、五年中，我究竟想要得到什么样的结果？

有的新员工在入职面谈中无法清晰明了地回答这些问题，这是正常现象。管理者应该告诉员工需要去思考哪些问题，并且在面谈时帮助他们找到这些问题的答案，点燃他们内心的"那团火"。

在我现在的团队里，每当有新员工进入时，我都会不断地帮助新员工强化梦想。在我创业的第一年里，我的合伙人龚梓加入团队，她是一名"90后"，在入职面谈时，我问她："我相信梦想，你相信吗？"她沉默不语。

于是，我问了她上面的三个问题，而她是这样回答的：

"你想要什么？"

"我想要成为一名女性企业家。"

"你有什么？"

"我有目标并愿意付出努力。"

"你能付出什么？"

"我能付出我能付出的所有。"

回答完这三个问题后，她的眼睛突然亮了，眼睛里透露出对梦想的向往和憧憬。在之后的入职面谈内容里，我不断地向她传递梦想的力量。随后，她为了让自己形成更为具体的认知，根据下面的脉络回答了各项问题，对未来有了更为细致的规划（见图 5-6）。

当她入职一年后，在一次早会上，她做了以梦想为主题的分享，当她分享完毕后，台下响起了雷鸣般的掌声。我知道，此时的她已经相信梦想，感受到了梦想的力量，并为了目标、梦想而全力以赴。

每个员工内心都有一团火，管理者应该将员工的个人梦想与团队的使命与愿景相结合，让员工自己燃起内心的那团火，驱动员工不断为实现梦想与目标而努力奋斗。

5.3.2 自我修炼

"梦想就是做梦都在想的事"，如果只是想，那梦想就只是梦想，只有一步一个脚印地努力才能将梦想变为现实。因此管理者在帮助员工确定目标与梦想之后，还要帮助员工不断提升自身能力。

首先，管理者可以与员工谈技能，这是为了让新员工了解自己应该学习哪些专业技能。如今，大多数人都奉行着终身学习的理念，希望通过学习改变自己的命运，提升自己的生活质量。因此，管理者需要让员工明白自己学习的方向。

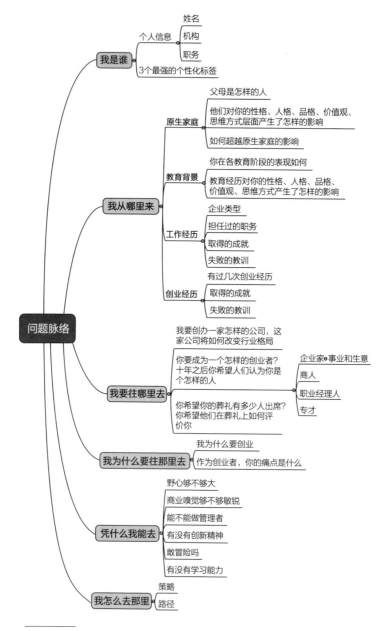

图 5-6　员工强化自我认知的问题脉络

例如，在入职面谈时，阿里会根据员工的岗位，让员工明白自己需要学习的技能有哪些。例如，销售岗需要培养沟通能力；管理岗需要提升领导力；行政岗需要提升协调、处理问题的能力；技术岗则需要学习更多先进的软件技术等。

随后，管理者可以根据员工需要学习的内容开展培训、辅导、演练活动，帮助员工快速成长。除此之外，管理者还可以用薪酬等奖励措施，激励员工不断提升自身能力。

5.3.3　自我超越

我在阿里时，参加百年大计的培训后，知道了明确目标的重要性。今天的我们是由三年前的我们决定的，三年后的我们是由今天的我们决定的。所以，我们一定要有清晰的目标，因为自我超越的核心是：不断践行自己的阶段性目标和长期目标（见图 5 - 7）。

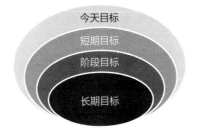

自我超越的核心：不断践行自己的阶段性目标和长期目标

图 5 - 7　自我超越的过程

在我的团队里有一个员工，他以前一个月最高的业绩是 36 万元。2008 年 3 月，在开完"大战启动会"后，我问他下个月的目标是多少？他回复我说："50 万元。"

看到他的回复，我和他进行了一次促膝长谈。我告诉他，我盘点过他的客户，也看过他的服务情况，他在客户端服务方面做得非常好，完全可以利用好3月大战的机会去突破百万元业绩目标。

在给他做完"启动"之后，他坚定地告诉我，他决定在3月全力突破百万元业绩目标。之后，为了给团队"提状态"，我在团队里也开了一次启动会。我写了一封题为"我是我的神"的邮件。

> 青春，
>
> 人生中最美的年华，风华正茂，生气勃勃，
>
> 阿里销售，
>
> 是我们青春战场上最棒的经历，荡气回肠，勇往直前，
>
> 你可以一辈子都不登山，但你心中一定要有座山，它让你往高处爬，
>
> 它使你总有个奋斗的方向，
>
> 它使你任何一刻抬起头，都能看到自己的希望。
>
> ……
>
> 激情三月，大北辰的兄弟与你一起并肩前行，视荣誉为生命，视战友为手足，
>
> 激情三月，你必将书写自己销售生涯的荣耀，
>
> 打造一段属于自己的辉煌，
>
> 没有故事不成人生，
>
> 一个人真正的强大，一定是不断成功的结果，
>
> 大北辰与你一同迎接百万的砥砺，
>
> 百万征程，
>
> 大北辰，在一起。

我把这封邮件发到我的团队群（大北辰）里，团队的每一个成员看到这封邮件后，都热情高涨，团队士气达到了巅峰。

而这位员工在 3 月份更是全力以赴，向百万元业绩目标冲刺，而团队的其他成员也在不断地帮他强化目标，给予他各种各样的支持。最后这位员工在 3 月份成功完成签单 106 万元，实现了突破百万元的业绩目标。

经过这件事之后，在以后的"大战"中，团队所有的成员在报目标时都是以"百万元"业绩目标为起点，不再局限于自己以往的目标。

这就是目标的力量——目标真的可以让一个人实现自我超越，自我突破。一个员工或者团队没有结果的最核心的原因就是目标不清晰和目标不坚定。尤其是管理者，如果没有清晰和坚定的目标，你的团队将无法产生结果。

哈佛大学有一个非常著名的关于目标对人生影响的跟踪调查。对象是一群智力、学历、环境等条件差不多的年轻人，调查结果发现：

3% 的人有着清晰、长远的目标，他们朝着目标不懈努力，成为社会各界的精英；

10% 的人有着短期、清晰的目标，他们的短期目标不断地被达成，生活状态稳步上升；

27% 的人是没有目标的人，他们大多过得不如意，常常失业，靠社会救济，并常常报怨他人，抱怨社会。

60% 的人是目标不清晰的人，他们大多能够安稳地生活与工作，但似乎都没什么特别的成就。

由此可见，目标对人生有着巨大的导向性作用。成功在一开始，仅仅就是一个选择。你选择什么样的目标，就会有什么样的成就，有什么样的人生。

所以，管理者要向员工强调目标的重要性，使员工形成目标感，并且在实现目标的过程中不断突破目标并实现自我超越。同时，管理者最重要的任务还包括帮助你的员工树立目标。一个管理者如果能够帮助员工明确短期目标，明确一个月、一年，甚至明确三年、五年的目标，那你就不仅仅是一个管理者，而是他的人生导师。

5.4　管理者自我修炼的 "三力"

心力、脑力与体力是管理者自我修炼的 "三力"，也是管理者带领团队走出危机的关键力量（见图 5 - 8）。

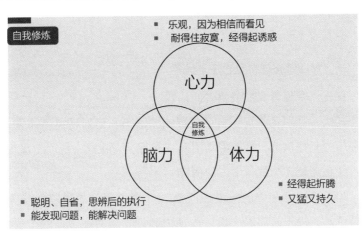

图 5 - 8　管理者自我修炼的 "三力"

5.4.1　心力

人的言行举止以及思想观念，都会受到心力的影响。若是管理者心力不够强劲，很容易就会被员工带偏，脱离正确的方向和轨道，形成错误的价值观，与企业核心价值观背道而驰。管理者自我

修炼的心力，就是不断增强自己内心的力量，有以下三个修炼维度
（见图 5 -9）。

能量	细分	诠释维度	自我感知
心力	相信	一个有理想的人 强烈的使命感	我所在的业务/团队，因为我发生了 什么改变 我为什么在这里 我可以做到的最大让步是什么 什么会让我放弃 现在所做的事情和我的梦想有什么关系 我想帮助谁？我帮到他们了吗 为了实现梦想，我需要发生哪些改变 我最想得到的是什么
	影响 感召	在诱惑下会坚持使命 在压力下能执着坚持	
	要落地	向团队描述令人激动的远景 有感染力，带动大家一起积极行动 激发大家对共同目标的热情，提升团队 绩效 看到更高的客户价值	

图 5 -9　管理者修炼心力的三个维度

一、管理者修炼心力的三个维度

首先，管理者要形成明确的认知。

其次，管理者要培养自己的影响感召力，面对诱惑不忘初心，面临压力坚持执着，并能带动团队一起行动。在这一层面，华为创始人任正非是一个值得学习的榜样。

2003 年，是华为的一个"严冬"。1 月 2 日，思科以"华为仿制其产品、侵犯其知识产权"为理由起诉了华为在美国的分公司。任正非在此时并没有慌了手脚，而是冷静对待。他一边聘请律师进行法律辩护，一边与思科的竞争对手——3COM 公司结盟。最终华为在 3COM 的支持下与思科达成了和解，并在同年 3 月与 3COM 成立了"华为三康"合资公司，顺利度过了一个"严冬"，促使华为的发展"更上一层楼"。

任正非通过理性而充满自信的决断力稳定了军心，在带领华为走出困境的同时，也传播着中国企业家的精神，打造了一个民族品

牌。要想成为任正非这样内心强大、自信而理性的管理者，除了需要找出自己内心的力量之外，管理者还可以通过团队的参与与支持来获得力量、训练内心。这需要管理者与团队成员一起讨论面对困境的具有可行性的方法，集思广益，给予自己和团队信心。一个成功的管理者的背后往往站着无数支持着他的员工，这是管理者拥有强大的内心力量的来源，也是支撑管理者能够继续走下去的强大的动力。

最后，管理者要将达成目标、理想、使命的各项措施落到实处。

二、管理者修炼心力的具体方法——闻味道

在阿里，管理者修炼心力的方法是"闻味道"。"味道"是人与人之间的关系，每一个团队都有自己的气场与氛围，管理者要不断地提高自身的敏感度和判断力，从而准确地感知团队的状态，把握和识别团队、组织的味道，防微杜渐。

阿里人认为"闻味道，一定要闻到事件的背后，闻到人的内心，闻到人的利益上去"。如此才能让团队上下一心，共同奋斗。管理者可以围绕以下两个维度来培养团队的"味道"，修炼自己的心力，带领团队赢得一次又一次的胜利。

第一个维度是自我超越。在管理团队的过程中，我会发现有很多团队成员不知道自己三年后想要成为怎样的人，也不清楚自己每年的短期目标，三年甚至更久的长期目标，整个人都显得十分迷茫。

作为管理者，你应该帮助团队成员明确自己的方向、使命、愿景，以及长远发展的路径等，让他们不断地超越自我。那么，为何要帮助团队成员超越自我呢？

当团队成员能够建立自己的个人愿景时，他们便会不断地学

习，了解目前自己的真实状况，从而激发出自己内心的创造性张力。

第二个维度是用价值塑造价值。这一点已经在上文中详细描述过，在此不再加以赘述。

5.4.2　脑力

管理者修炼脑力，就是不断提升自身的所有理性层面的能力和决断力（见图 5 – 10）。

能量	细分	诠释维度	自我感知
脑力	所有理性层面能力	视野广阔 经常思考未来发展方向，步步为营、深思熟虑，	什么时候我会犹豫不决，难以抉择 什么问题最令我担忧 关于做业务的方式，如果给我机会改变三件事，我会选择哪三件？这三件事又会如何排序 我认为我所负责的业务最有价值的地方是什么 我的主管关心什么 如果要成为领域中最棒的组织，我需要做哪些事 我最希望改变的地方是什么 什么是我觉得对组织有意义但是我目前无法完成的 过去一年，我是否推翻过自己的判断，为什么
	有决断力	权衡利弊 一针见血，透过现象看本质 善于审时度势， 能做出准确的业务决策 胸有成竹，保持独立判断及决策，不随波逐流	

图 5 –10　管理者修炼脑力的两个维度

马云认为一个合格的管理者"要在别人看到问题的时候看到希望，要在别人充满希望的时候看到问题"。想要更好地理解马云的话，我们需要去了解他说这句话的背景环境。

那是在 2014 年，大量微商借助微信朋友圈，以迅雷不及掩耳之势在电商行业迅速站稳了脚跟，并占据了一定的市场份额。微商的迅速崛起分走了天猫、淘宝的部分流量，给它们的业务带来较大的冲击。此为大背景。

小背景是发生在阿里巴巴内部的"风清扬二期"课堂上的一个小插曲。当时，张勇问各位学员有没有关于淘宝的建议。有一位学员立刻站了起来，直接用一长段批评性的话，给出了"再不改，天猫、淘宝马上就要关门了"的结论。

马云听了之后虽然很生气，但并没用否认这些问题的存在，而是告诉所有学员，作为管理者，就是"要在别人看到问题的时候看到希望，要在别人充满希望的时候看到问题"。管理者在提出问题时，"要带着可以解决问题的方法和心态去说，否则大家都说有问题，还要你干什么"？

通过马云的话，我们可以了解到：一位合格的管理者向别人提出问题的时候，要带着可以解决问题的方法和心态去说，要引导员工去解决问题。也就是说，管理者既要能看到问题又要能解决问题。这就是管理者修炼理性层面能力的一种。

决断力也是管理者修炼脑力的重点。在日常的管理活动中，管理者和员工形态各异的想法不断交汇，各种各样的思维不断碰撞，管理者会不断地接收到各种层面的信息。尤其是大批"95 后"甚至"00 后"员工涌入职场后，很多新鲜的想法会迸发出来。这要求管理者要有开阔的眼界，并通过审时度势，选择出对团队发展最优的做法。

一个卓有成效的人，一个意图实现梦想，实现自我价值的人，一定是一个奉献者、言行一致者。管理者在修炼脑力的过程中，要做到言行一致，不要随波逐流，要保持独立的判断，并坚持下去。

5.4.3 体力

一、修炼体力

这里所说的体力不仅包括身体精力充沛，还包括精神上充满能量。"身体是革命的本钱"，只有拥有好身体，管理者才可能将更多的精力放在管理之中。在精神上充满能量，可以让管理者拥有好的心态，带领员工走向正确的方向，这要求管理者具备正能量，并在团队中传递正能量。

能量	细分	诠释维度	自我感知
体力	体力 + 思辨执行力	精力充沛，充满能量 能够从战略目标中梳理出具体行动规则 在实施过程中能够不断反思 有效管理团队绩效，带来结果 经得起折腾 不唯KPI导向	我担忧自己的健康状态吗 我能够为我的梦想付出多大的努力 什么会激发我马上采取行动 我是否有未完成的目标/承诺，是什么

图 5-11 管理者修炼体力的两个维度

"乐观积极地看待今天和明天，对昨天感恩，对明天充满敬畏和期待"是马云对正能量的理解。在阿里，充满正能量也是一个合格的管理者须具备的品质。

有一次马云在访谈中提到，以前有很多人在网上骂他，他特别生气，但又会强迫自己去看这些负面评价。当这些负面评价已经不能在他心中掀起任何波澜时，他就不再看了。通过许多有关马云的报道、访谈，我们可以看出马云在不断从负能量中提取正能量，并借此提高自己对负能量的抵抗力。

对于正能量，马云有一个十分有趣的说法，他将正能量比作"漂亮的荷花"，将负能量比作"淤泥"，从负能量中提炼出正能量就是把这些"淤泥"作为肥料，从而使"荷花"生长得更加漂亮与独特。

没有人是十全十美的，每个人或多或少都会产生负面情绪或者接收到负面的评价。马云不仅希望自己能充满正能量，更希望每个员工也能如此。他希望公司里的每一个人都能将来自社会上的负能量变成营养，变成对公司未来十年的期待与想法，这不仅是挑战，也是机会。

当然马云提倡正能量并不是要在道德上摆出高人一等的姿态，而且他"并不倡导自己成为道德中的模范，因为阿里中的每个员工都是平凡的人，也因为是平凡的人，所以才更需要正能量"。

管理者解决问题的方式、心态可以体现出正能量。当工作出现问题时，马云不会去指责抱怨，而是先"安定军心"，然后再与员工们一起去解决问题。当员工为达成目标而沾沾自喜时，马云会冷静下来，寻找有没有被忽视的问题。管理者可以通过这一件小事向员工传递正能量，为员工提升工作的内驱力，从而促使员工每天进步一点点，利用"量"的积累，达到"质"的突破，最终促使整个公司向更好的方向发展。

二、修炼思辨执行力

执行力对于管理者来说，不是一朝一夕就能获得的，且这里所说的执行力，不是不管不顾，听到命令就埋头苦干，无视周围的客观环境，而是要求管理者在进行思辨的基础上去执行。

何为思辨？就是管理者要用辩证的方法去思考问题。换言之，管理者在做一件事之前，一定要进行辩证思考。管理者的思辨执行力主要包括以下四个层面。

1. 有广度的信心

管理者在充分分析外部环境并了解相应数据之后，需要建立广度的信心，并让团队成员达成共识。受各种因素影响，团队内部成员包括管理者自身，很有可能对企业下达的决策产生怀疑，以致团队没有足够的信心将决策落实到位。这时候管理者首先要树立信心，并引导团队成员理解并相信这项决策，并为之努力。

2. 有深度的思考

由于行业态势、经济发展状况等各方面发展的复杂性，企业做出的决策也并不都是完全正确的，所以管理者本人要保持深度的思考。千万不要说干就干，一定要三思而后行。管理者需要留出足够的弹性空间，将所有的可能性都考虑到，然后按照阶段，一步一步地落地执行。

3. 有质量的对话

沟通无处不在。在执行任务的过程中，管理者要与团队成员保持真实、有效的沟通。保持真实才能让管理者真正有机会面对问题。在沟通中，员工若是有所隐瞒，为了"面子上过得去"而撒谎，那么团队最终一定不会达到预期目标。沟通的目的是发现问题，管理者要善于引导员工讲真话、讲实话。

4. 保持持续的追踪

管理者不仅要注重员工的执行情况，还要保持持续追踪。阿里追踪的方式包括观察员工动向，进行 Review 或者复盘，让员工的执行力始终保持高效。

管理者修炼思辨执行力，是团队取得成就的重要保障，管理者要不断提高这方面的能力，提升个人和团队的竞争力。

"日日行，不怕万里路，常常做，不怕千万事"，管理者应该时刻修炼，提升自身的管理能力。如此，才可能在危机中，成为团队的指南针，带领团队突破重重困难，不断成长！

想一想 / 作为管理者，你重视员工赋能吗？你是怎样赋能员工的？你认为赋能员工在应对危机时有用吗？在读本章内容后，你有什么新想法？